人の心と行動がわかる社会心理学

東洋大学社会学部社会心理学科教授
北村英哉 監修

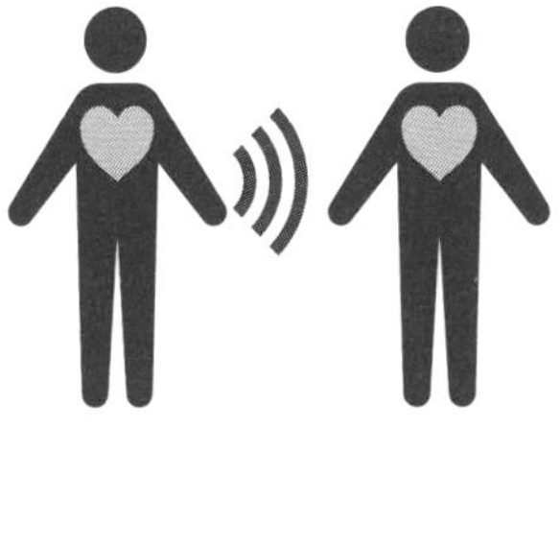

大和書房

IN THE BEGINNING

はじめに

社会心理学とは？

社会心理学は、個人の思考、感情、行動が社会的状況や他者との関係においてどのように影響を受けるかを研究する心理学の一分野です。社会心理学のはじまりは、1908年に出版された社会学者のE・A・ロスが著した『社会心理学』と、心理学者のW・マクドゥーガルが著した『社会心理学』という２冊の本がルーツと言われています。

社会心理学は大きく分けると、社会における個人の心理、対人関係、集団における個人といった幅広い分野に研究テーマが及びます。例えば、自己認識、集団内の行動、偏見とステレオタイプなどの研究テーマがあり、日常生活のさまざまな側面に関連し、人間関係の理解に役立ちます。

社会心理学では実験によって特定の刺激や社会的状況が人の行動や態度にどのように影響を与えるかを科学的に研究しています。人間

の社会的な性質を理解する上で不可欠な学問であり、私たちの日常生活に深く関わっており、そこで得られる知見は教育、ビジネス、健康といった多くの分野に応用され、社会問題や社会現象との関連についても研究されています。例えば、身近な例だと「なぜ行列のできている店に並んでしまうのだろう？」「なぜ普段サッカーに興味がなくても、日本代表の試合を応援したくなってしまうのだろう？」「つい周りに意見を合わせてしまうのはなぜ？」といったことは社会心理学で説明することができます。人間行動への理解を深め、より良い人間関係を構築するためにも役立てられているのです。

社会心理学の探究は、人間の心と行動の奥深い謎を解き明かすことです。どのように個人の内面、対人関係、そして集団のなかの人間に影響を及ぼすのかを掘り下げていきます。

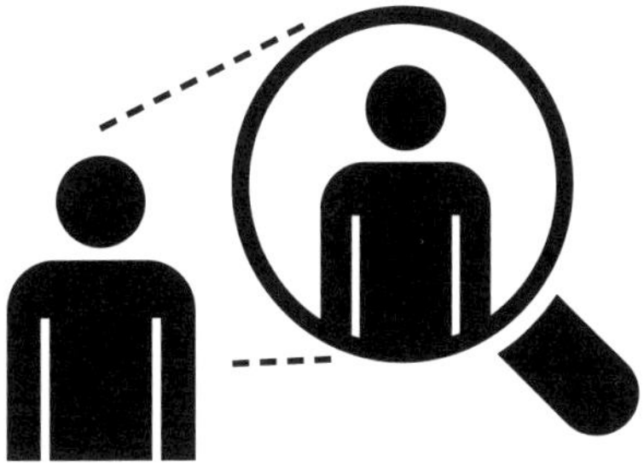

社会における個人の心理 1

個人の心の動きを探り、心理の核心に迫ることができる

個人の心理は、社会心理学の中核をなしています。私たちの心がどのように社会的環境に影響を受けるのか、そしてその影響がどう私たちの思考や行動に反映されるのかを深く探ります。私たちの思考、感情、そして行動は、他者の存在や社会的状況と深く関連しています。本書では自己認識、感情の形成、そして偏見の根源など、個人の心理の核心に迫るテーマを紹介していきます。

まず大事なのは、自己認識のプロセスです。自己認識は、自己評価や自尊心を育てるのに大きな役割を果たします。私たちが自分自身にどのような価値を見出し、どう自分を理解するかは、社会的相互作用によって大きく左右されます。

次に、私たちの信念や価値観は、家族、友人、職場の人間関係、文化などの社会的な要因によって形成されます。同時に、私たちの行動にも直接的な影響を及ぼします。

また、偏見とステレオタイプについても考える必要があります。これらは、しばしば無意識のうちに形作られ、私たちの判断や行動に影響を与えます。偏見は、特定の集団に対する根拠のない否定的な態度や信念を意味し、ステレオタイプは、ある集団の人々に一律に当てはめられる過剰な一般化です。これらは、社会的相互作用のなかで無意識的に学習・強化されます。

社会心理学はこういった要素を深く掘り下げ、個人の心理がどのように社会的な枠組みのなかで形成され、変化するのかを明らかにするための一助となります。自己と他者の理解を深めることで、より豊かな人間関係を築くための洞察を得ることができるでしょう。

対人関係 2 他者との関係の築き方、改善の仕方がわかる

友情、愛情、尊敬、信頼など、人間の情感の豊かな部分を含む対人関係は、私たちの日々の生活でとても大切です。人は、他人との相互作用のなかで社会的スキルを発達させ、個人間のつながりを通じて「自分とは何者なのか」というアイデンティティ（自己同一性）を見出していきます。この過程で、コミュニケーションの技術や相互理解、共感の能力が大事な役割を果たすことになります。

社会心理学では、人々がどのように他者と関係を築き、維持するのかを研究し、対人関係のなかで個人の幸福感や自尊心に社会がどのように影響を与えるかを探っています。

また、対人関係における対立の原因と解決策について考える際にも社会心理学は参考になります。人々がどのようにして不和を乗り越え、対人関係を修復するか、もしくは健全な方法で関係を終わらせるのか。対人関係の仕組みを理解することは、バランスの取れた社会を築くために不可欠です。

本書を読むことで、人間関係における自己の行動パターンを理解し、他者との関係を改善するための方法を知ることができるでしょう。

3 集団における個人

集団との関わり方を学び、社会的な生活を充実させることができる

私たちは、大小さまざまな集団の一員として生活しています。

集団は家族、友人、趣味のグループ、職場、社会的な組織など、さまざまな形で私たちの周りにあります。集団に属することで、個人はアイデンティティを強化し、安全と所属の感覚を得られます。しかし、同時に集団の圧力や規範に従うことで自己を制限することもあります。

社会心理学における「集団における個人」は、個人が集団に属することによって経験する心理的プロセスを理解することがポイントです。自分が所属する集団のなかでどのように行動するかを自覚し、集団との健全な関わり方を学ぶことで、社会的な生活を充実させることができるでしょう。社会心理学は、集団との相互作用を通じて、個人がいかに成長し、変化するかを示す鏡とも言えます。

本書では集団圧力、リーダーシップ、そして集団内の競合など、集団のなかで起こる心理的な現象を紹介します。

社会心理学はさまざまな分野に応用されている

社会心理学は教育やビジネス、健康など社会におけるさまざまな分野で応用されています。また、インターネットやSNSでなぜ炎上が起こるのか、なぜハロウィンで集まった人々やサッカーの試合で人々が荒れた行動をするのかなど、社会現象・社会問題の原因を知り、解決するためにも応用されています。

この書籍を通じて、社会心理学の魅力的な世界に足を踏み入れてください。あなた自身の心理、周囲の人々との関係、そして社会全体への理解が深まることでしょう。読み進めるうちに、自分自身や他者に対する新たな視点を得ることができるはずです。それでは、この興味深い旅を始めましょう。

CONTENTS 目次

はじめに　社会心理学とは？…2
本書の見方…12

CHAPTER 1 社会と人がわかる心理学

つい周りと同じ意見を言ってしまうのはなぜ?…14
少数派の意見が多数派に打ち消されてしまいがちなのはなぜ?…16
どうして若者はインスタや自撮りをするようになったの?…18
なぜ「ここだけの話」は広がりやすいの?…20
ハロウィンで人々が荒れた行動をするのはなぜ?…22
SNSで批判的になる人がいるのはなぜ?…24
ネットで「炎上」が起こるのはなぜ?…26
仲間外れはなぜ起こるの?…28
ネット上で自己責任論が見られるのはなぜ?…30
コロナ禍でマスク警察が登場したのはなぜ?…32
都市伝説・陰謀論を信じてしまうのはなぜ?…34
不確かな噂やフェイクニュースに冷静に対処するには?…36
なぜマスクやトイレットペーパーを買い占めてしまうの?…38
なぜ危険な状況でも大丈夫だと思ってしまうの?…40
災害時に安全に避難するにはどうすればいい?…42
事件や事故を見てもなかなか助けにいけないのはなぜ?…44
緊急事態の際に人助けをする心理条件とは?…46
飲食店を選ぶときに口コミサイトを信用するのはなぜ?…48
なぜ占いは当たっているように感じるの?①…50
なぜ占いは当たっているように感じるの?②…52
なぜ行列ができている飲食店に並んでしまうの?…54
マウントを取りたがる友だちがいるのはなぜ?…56
「有名人と友だちなんだ」と自慢する人がいるのはなぜ?…58
チームの結束力を高めるにはどうすればいい?…60

与えられた役割は行動に影響する?…62
あおり運転をする人の心理は?…64
普段おとなしい人が突然、攻撃的になるのはなぜ?…66
悲惨な事件があっても自分とは関係ないと認識することがあるのはなぜ?…68
人に親切にすると巡り巡って自分に返ってくる?…70
COLUMN1　組織の生産性を高めるには?…72

CHAPTER 2 人間関係とコミュニケーションの心理学

A型は几帳面で都会の人はせっかちって本当?…74

清潔感がある人が誠実そうに見えるのはなぜ?…76
人は何度も見るものを好きになる?…78
人は共通点が多いほど親近感を抱く?…80
なぜCMには好感度の高い有名人が起用されるの?…82
なぜ女性は気が利いて男性は気が利かないと思われるの?…84
なぜ欧米人はマスクを嫌がるの?…86
好きな人と親密になるには一緒に刺激的な体験をするといい?…88
三人寄れば文殊の知恵は本当?…90

企業で不祥事が起こるのはなぜ?…92
一度選択した判断をなかなか変えられないのはなぜ?…94
なぜブラック企業で働き続けてしまうの?…96
なぜ権威のある人からの指示には従ってしまうの?…98
なぜ不動産屋は「他の人からも申し込みがあります」と言うの?…100
「980円」など中途半端な価格設定が多いのはなぜ?…102

松竹梅のうち、真ん中を選んでしまうのはなぜ?…104
無料で商品サンプルを配っている理由は?…106
営業成績をぐんと伸ばす手法がある?…108
一度購入を決めると特典がなくなってもキャンセルしにくい?…110
デメリットも伝えることで信頼感が増す?…112

CONTENTS

一番売りたい商品を手に取らせるには?…114

職場に暗黙のルールがあるのはなぜ?…116

メンバー内のやる気のない人を減らすには?…118

共通の目標を持つと対立する集団でも協力するのはなぜ?…120

より良い集団を作るには?…122

同僚や他部署とより良い関係を築くには?…124

リーダー育成に必要な要素は?…126

生産性を上げるにはどんなリーダーが求められる?…128

部下にやる気を出させ仕事への満足感を持たせる方法は?…130

社員のモチベーションをアップするにはどうしたらいい?…132

「部下はほめて伸ばすといい」のはなぜ?…134

人にお願いをして通りやすくする方法は?…136

少数派が多数派に対して意見を通すには?…138

COLUMN2　「悪魔の代弁者」は集団的浅慮から集団を救う…140

CHAPTER 3 自分を知るための心理学

アイデンティティとは?…142

アイデンティティが定まらないとどうなるの?…144

男性脳、女性脳には根拠があるの?…146

自己概念を理解すれば目標に対する意識を高めることができる?…148

日本代表や母校の選手を応援してしまうのはなぜ?…150

自分をよく見せようとするときに働く心理とは?…152

SNSでエゴサーチをしてしまうのはなぜ?…154

自己紹介のときに会社など所属先を言うのはなぜ?…156

人に言われると、やりたくなくなるのはなぜ?…158

禁止されていることをやりたくなってしまうのはなぜ?…160

恋人のファッションや趣味に影響される人がいるのはなぜ?…162

個人が利益を求めて行動すると社会的な不利益になる?…164

人と自分をつい比べてしまうのはなぜ?…166

同僚の成功や出世に嫉妬してしまうのはなぜ?…168

カフェで「端の席」に人気があるのはなぜ?…170

何度チャレンジしてもダイエットに失敗するのはなぜ?…172

試験前に「全然勉強してないよ」と言うのはなぜ?…174

プロ野球選手を模倣するだけで野球がうまくなる?…176

平気で遅刻やドタキャンをする人の心理は?…178

自分の容姿や行動を他者はそれほど気にしていない?…180

きつい職場を辞めたくても辞められないのはなぜ?…182

直感が意外と当たるのはなぜ?…184

しぐさや表情で相手の気持ちがわかるのはなぜ?…186

周囲の人とのコミュニケーションを円滑にする方法は?…188

COLUMN3　社会心理学の知られざる本当の意味…190

CHAPTER 4 そもそも心理学ってなに？

そもそも心理学とは? どんな種類があるの?…192

心理学はどんな研究の仕方をする学問なの?…194

基礎心理学と応用心理学とは?…196

認知心理学と発達心理学とは?…198

人の欲求には5つの種類がある?…200

報酬や罰によって行動は変わる?…202

報酬は時としてやる気を損なう?…204

認知的なアプローチとは?…206

認知行動療法とは?…208

ポジティブ心理学とは?…210

マインドフルネスとは?…212

セルフコンパッションとは?…214

外部の刺激を受けやすいHSPとは?…216

おわりに…218

索引…220

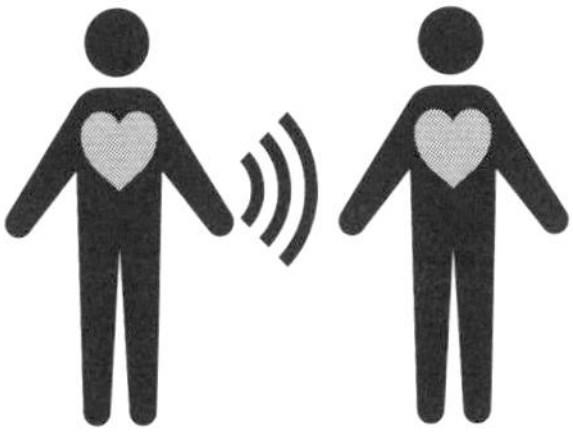

本書の見方

KEY WORD

各トピックのキーワードとなる用語を紹介しています。気になる用語をチェックしましょう。

タイトル

社会心理学を楽しく学べるトピックを 99 本紹介しています。どこから読み進めても大丈夫です。

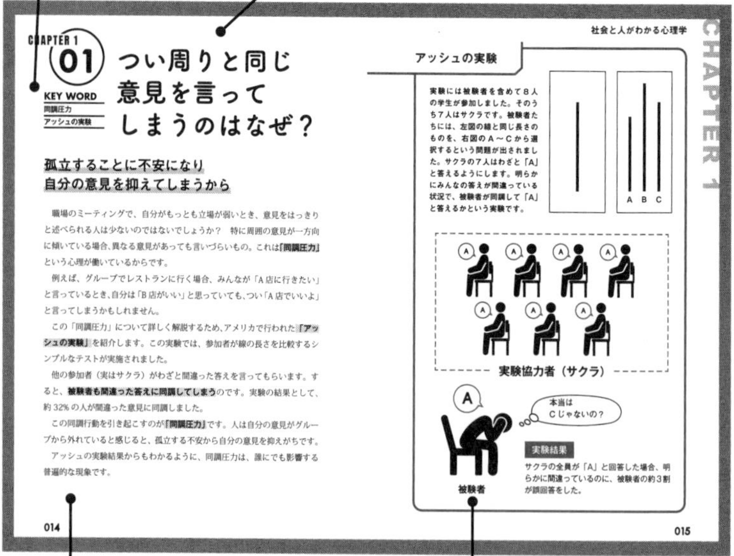
社会と人がわかる心理学

CHAPTER 1

CHAPTER 1

01

つい周りと同じ意見を言ってしまうのはなぜ？

KEY WORD

同調圧力

アッシュの実験

孤立することに不安になり
自分の意見を抑えてしまうから

職場のミーティングで、自分がもっとも立場が弱いとき、意見をはっきりと述べられる人は少ないのではないでしょうか？　特に周囲の意見が一方向に傾いている場合、異なる意見があっても言いづらいもの。これは**「同調圧力」**という心理が働いているからです。

例えば、グループでレストランに行く場合、みんなが「A 店に行きたい」と言っているとき、自分は「B 店がいい」と思っていても、つい「A 店でいいよ」と言ってしまうかもしれません。

この「同調圧力」について詳しく解説するため、アメリカで行われた**「アッシュの実験」**を紹介します。この実験では、参加者が線の長さを比較するシンプルなテストが実施されました。

他の参加者（実はサクラ）がわざと間違った答えを言ってもらいます。すると、**被験者も間違った答えに同調してしまう**のです。実験の結果として、約 32% の人が間違った意見に同調しました。

この同調行動を引き起こすのが**「同調圧力」**です。人は自分の意見がグループから外れていると感じると、孤立する不安から自分の意見を抑えがちです。

アッシュの実験結果からもわかるように、同調圧力は、誰にでも影響する普遍的な現象です。

014

アッシュの実験

実験には被験者を含めて８人の学生が参加しました。そのうち７人はサクラです。被験者たちには、左図の線と同じ長さのものを、右図のＡ～Ｃから選択するという問題が出されました。サクラの７人はわざと「A」と答えるようにします。明らかにみんなの答えが間違っている状況で、被験者が同調して「A」と答えるかという実験です。

実験結果

サクラの全員が「A」と回答した場合、明らかに間違っているのに、被験者の約３割が誤回答をした。

015

本文

各トピックの内容をわかりやすく解説しています。キーワードや特に知っておきたい部分は太字で強調しています。

図解

大事なキーワードをさらに掘り下げて図解しています。用語解説だけでなく、関連する実験・研究なども紹介しています。

CHAPTER 1

社会と人がわかる心理学

CHAPTER 1

01

KEY WORD

同調圧力

アッシュの実験

つい周りと同じ意見を言ってしまうのはなぜ？

孤立することが不安で自分の意見を抑えてしまうから

職場のミーティングで、自分がもっとも立場が弱いとき、意見をはっきりと述べられる人は少ないのではないでしょうか？　特に周囲の意見が一方向に傾いている場合､異なる意見があっても言いづらいもの。これは**「同調圧力」**という心理が働いているからです。

例えば、グループでレストランに行く場合、みんなが「A店に行きたい」と言っているとき､自分は「B店がいい」と思っていても､つい「A店でいいよ」と言ってしまうかもしれません。

この「同調圧力」について詳しく解説するため､アメリカで行われた**「アッシュの実験」**を紹介します。この実験では、参加者が線の長さを比較するシンプルなテストが実施されました。

誰にでも簡単にわかる選択式の問題が出題されるのですが、被験者以外の他の参加者(実はサクラ)にわざと間違った答えを言ってもらいます。すると、**被験者も間違った答えに同調してしまう**のです。実験の結果として、約32%の人が間違った意見に同調しました。

この同調行動を引き起こすのが**「同調圧力」**です。人は自分の意見がグループから外れていると感じると、孤立する不安から自分の意見を抑えがちになるのです。

アッシュの実験結果からもわかるように、同調圧力は、誰にでも影響する普遍的な現象です。

アッシュの実験

実験には被験者を含めて８人の学生が参加しました。そのうち７人はサクラです。被験者たちには、左図の線と同じ長さのものを、右図のＡ～Ｃから選択するという問題が出されました。サクラの７人はわざと「A」と答えるようにします。明らかにみんなの答えが間違っている状況で、被験者が同調して「A」と答えるかという実験です。

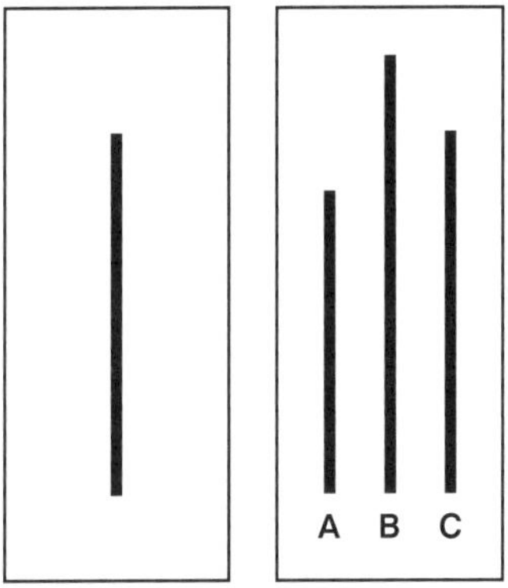

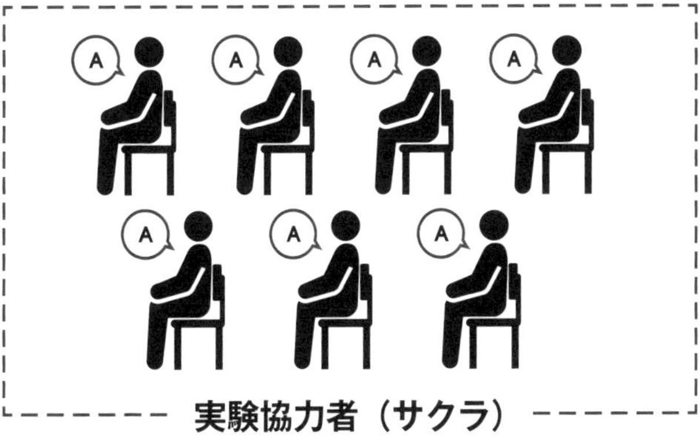

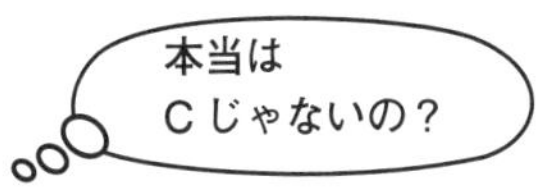

実験結果

サクラの全員が「A」と回答した場合、明らかに間違っているのに、被験者の約３割が誤回答をしました。

CHAPTER 1

02

KEY WORD

沈黙の螺旋

社会比較説

少数派の意見が多数派に打ち消されてしまいがちなのはなぜ？

マイナーな意見を否定されるのを恐れ沈黙を選んでしまうから

民主主義の社会では、少数派の意見が通らないのは当たり前じゃないか、と思われるかもしれません。

しかし、必ずしも多数決だからというわけではなく、そこには**「沈黙の螺旋」**が起きている可能性があります。この現象はドイツの政治学者E.ノエル・ノイマンによって提唱された理論です。

少数派の意見は徐々に多数派の意見に呑み込まれて消えていく傾向があります。なぜなら、**人は自分の意見が少数派であると感じると、他の人と異なる意見をもっていることで孤立することを恐れ、意見を言いにくくなるからです。**

例えば、会議で意見を言った人が、上司から否定されたとします。その意見は間違ったものと認識され、次第に消えていくでしょう。仮に良い意見であったとしても、表面上はその意見を支持する声が少なくなります。人は自分の意見が否定されるのを恐れ、沈黙を選ぶからです。

また、**「社会比較説」**という説も、少数派の意見が消えていく一因だと考えられます。社会比較説とは人は他人と自分を比較し、自分の意見や能力が他人と異なると感じたときに不安に思い、周囲と同じだと確認すると安心感を得て、その考えがより強化される傾向があるという説のことです。

沈黙の螺旋

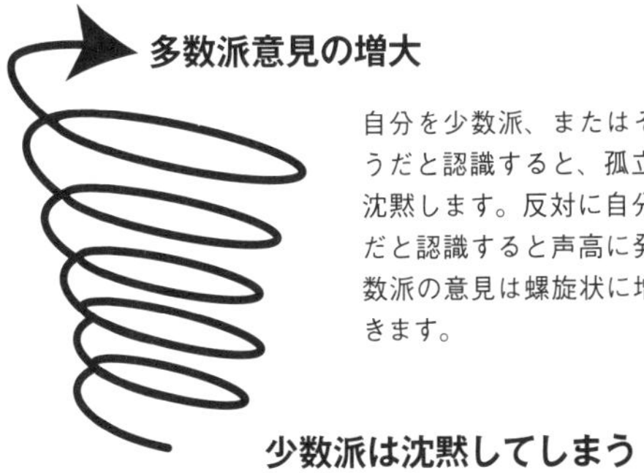

自分を少数派、またはそうなりそうだと認識すると、孤立を恐れて沈黙します。反対に自分を多数派だと認識すると声高に発信し、多数派の意見は螺旋状に増大していきます。

社会比較説

周囲が自分の意見と異なると感じると不安に思い、周囲と同じだと感じると安心感を得ます。

CHAPTER 1

03

KEY WORD
承認欲求

どうして若者はインスタや自撮りをするようになったの？

SNSが承認欲求を刺激するツールとなっているから

若者のなかには、SNSのInstagramにインスタ映えを意識して、綺麗な写真をアップしたり自撮りに夢中な人が多くいますが、この行動の背景には、**「承認欲求」**が大きく関わっています。承認欲求とは、**他人から自分の存在や行動を認めてもらいたいという、根本的な人間の欲求です。**この欲求は、自己肯定感を育む上で重要な感情です。

例えば、ある若者が旅行先で美しい風景を写真に収め、SNSに投稿します。「いいね！」や「素敵だね」「綺麗な場所！」といった称賛コメントをもらうことで、自分の写真のセンスや行った場所、そして旅行をしている自分自身が認められることを望んでいます。このように、SNSは承認欲求を強く刺激するツールです。

社会心理学的に見ると、SNSは人々が自己表現を行い、承認を得る場ということになります。しかし、**承認が得られない場合は、自己否定感や他人との比較から生じるストレスが増大します。**一時期**「SNS疲れ」**という言葉が広まったのは、この理由からです。SNSでの人とのつながりややり取りに疲れて、SNSを使うことが憂鬱になってしまうのです。

この点からSNSを使って、自己表現やコミュニケーションをする際は、適度な距離感も大事です。また、SNSでの相互作用やフィードバックに一喜一憂しないために、現実世界での関係や活動を大切にすることが求められます。

承認欲求

承認欲求は「自分を見てほしい」「話を聞いてほしい」「誰かに褒めてほしい」など他人から認められたいという欲求です。承認欲求には、自己承認欲求と、他者承認欲求があります。両方が満たされることが大切です。

❶自己承認欲求

自分で自分のことを認めたい、承認したいと願う欲求です。

❷他者承認欲求

他人から認められたい、評価されたいと願う欲求です。

- **人から好かれたい**
- **仕事で認められたい、昇進したい**
- **人から尊敬されたい**
- **人から注目されたい**

CHAPTER 1

04

KEY WORD

心理的報酬

なぜ「ここだけの話」は広がりやすいの？

優越感が心理的報酬になり、面白い情報ほど話したくなるから

「同僚が昇進した」「AとBが付き合っている」など、人の噂というものは、あっという間に拡散されることがあります。SNSやネット上でも本当かうそかわからないなような、芸能ニュースや政治家のスキャンダルがすぐに広まりますが、なぜこのように噂は広まりやすいのでしょうか？

その理由は、**「私だけがこの情報を知っている」という優越感が心理的報酬になる**からです。同時に、人が新しい情報や噂を他人に教えるときに感じる優越感も心理的な報酬となって、噂の拡散を助けます。

具体的には、他人にまだ知られていない新しい情報を提供することで、「すごい、そんなことを知っているんだ！」と称賛され、一時的な優越感を得られるのです。**良い気分に浸れるという報酬のために人は噂を流す**わけです。

また、噂の内容が面白いと感じられたとき、聞いた人も驚きや興奮を感じ、その感情が報酬になります。

結果として人々はその噂をさらに広めようとして、SNSなどで速やかに拡散していきます。面白い情報だからこそX（旧：Twitter）でリポストしたくなるのです。

心理的報酬は、他にも自分の能力やスキルを褒められたとき、新しい知識や経験を得たとき、困難な目標を達成したときなどに得ることができます。

心理的報酬

その他の心理的報酬を得られる場面

- 上司や同僚からの信頼を得たとき
- 自分の能力やスキルを褒められたとき
- 社会貢献をして感謝されたとき
- 新しい知識や経験を得たとき
- 困難な目標を達成したとき　など

CHAPTER 1

05 ハロウィンで人々が荒れた行動をするのはなぜ？

KEY WORD

群集心理

匿名性

同調圧力

群衆のなかでいつもの自分では考えられない行動に同調してしまうから

毎年、ハロウィンの時期になると、繁華街は色とりどりのコスチュームを身にまとった人たちで賑わいます。ところが、楽しいひとときを過ごす場である一方で、近年は荒れた行動をする人たちが目立つようになりました。この現象は、フランスの社会心理学者ル・ボンが提唱した**「群衆心理」**といい、群衆になることで周囲に影響され、１人ではしないような行動を取ってしまうのです。

人が荒れた行動をする背景には、仮装することで個人の**「匿名性」が高まる**ということがあります。１人ひとりがコスプレをして別人として振る舞うことで、いつもの自分ではなく架空の他人になれるのです。自分が何者か知られていないため、罪悪感も薄れていきます。

次に、群衆のなかでは**「同調圧力」**が非常に強くなります。周りの人々がある行動をしていると、**自然と自分も同調してしまいがちです。**

特にハロウィンのような大規模なイベントでは、その圧力はより強くなり、ゴミを周囲に撒き散らしたり、普段はしないような行動をするのは同調圧力が要因のひとつといえます。

また、大勢の人々が集まる場所は、密集しているため周りの人にぶつかりやすくなり、**ストレスや興奮が高まりやすい場所**でもあります。これが**理性を失わせ、いざこざや過激な行動に繋がる要因**にもなるのです。

群衆心理

群集心理のメカニズム

❶不特定多数に混ざり、集団の１人になることで、自己の行動に対する責任感が低下する

⬇

❷被暗示性が高まり、その場の雰囲気に従った行動を取りやすくなる

群衆のなかにいると人は暗示を受けやすくなり、責任感がなくなり、正確な判断力も失われやすくなります。歩いてはいけない車道も、みんなが歩いていれば歩きたくなります。みんながゴミをポイ捨てすれば、自分もしていいと感じます。

その他の要因

❶匿名性が高まる

❷同調圧力が強くなる

❸ストレスや興奮が高まりやすい

ハロウィンのイベントに仮装した人々が集まると、匿名性が高まり同調圧力が強くなります。また人々が密集するとストレスや興奮が高まり過激な行動に繋がりやすくなります。

CHAPTER 1

06

KEY WORD

社会的妥当化

SNSで批判的になる人がいるのはなぜ？

多くの他者が自分と意見が同じだと偏った考えも強化されてしまうから

SNS上では、多くの人が自由に意見を交わしています。なかには「私の意見が正しい。あなたの意見は間違っている」という主張をもとにした批判的なコメントもあります。この背景には**「社会的妥当化」**という心理的現象があります。社会的妥当化とは、自分の意見や考えを人に話し、それに対する多くの人の意見を聞くことで社会的に妥当であるかを感じることです。

例えば、自分の考えていることに対して、「私、間違ってないよね」「みんな私と同じ意見だよね」と自分の意見が他人と一致しているか、または社会的に受け入れられているかを知りたくなることがあると思います。SNSに限らず、「これっておかしいですか？」と**問題提起することは、社会的妥当化を求める行動の一環です。**社会的妥当化の傾向は、批判的な発言にも影響を及ぼします。

偏った意見であっても、多くの人が自分と同じ意見だと知ると、自分の意見は強化され、確信を持って批判してしまうのです。批判自体は建設的な対話をするためには必要なことですが、**同調者の存在によってSNSを含めた集団内での偏った意見が強化され、**時として建設的な対話を阻害することがあるので要注意です。SNSを使用する際には、自分の意見が他人に影響を与えうることを意識し、他人を冒涜するようなコメントを控えることも大事です。

社会的妥当化

自分の意見が他人と一致しているか確認したくなる

自分の考えや意見が社会的に受け入れられているか確認することは、社会的妥当化を求める行動です。

偏った意見でも強化されてしまう

CHAPTER 1

07

ネットで「炎上」が起こるのはなぜ？

KEY WORD

- 匿名性
- 集団的浅慮
- 確証バイアス

自分と同じ意見を見つけやすい環境で一面的な情報が拡散されるから

近年、企業の不適切な発言や行動、個人の思慮のない投稿、誤った情報の拡散などによる「炎上」が頻繁に起きるようになりました。炎上が起こる理由は、社会心理学的な視点から考えると**「匿名性」、「確証バイアス」、「集団的浅慮《せんりょ》」**など複数の要因が関係しているとされます。

「匿名性」は、個人が自分の身元を明らかにしていないことに起因し、普段は言わないような攻撃的な意見をネット上で発しやすくさせます。

また、ネットの世界では自分に近い意見、情報だけを集めやすく、それに反する情報は無視するようになります。これを「確証バイアス」といい、同じ意見を持つ人々が集まることで、一面的な情報の拡散がさらに促進されるのです。

さらに、「集団的浅慮」によって、集団であるためにかえって不合理な判断をしてしまい、自分たちに都合の悪い情報、反対意見を軽視するようになります。**この結果、極端な意見が強調され、炎上が起こりやすくなるのです。**

同時にオンラインの集団行動では、個々人の責任感が薄れる傾向があります。これにより、自分の行動が大きな影響を及ぼすと感じにくくなるのです。

一瞬で情報が広がるSNSの即時性も、炎上を加速させる要因となります。一度炎上が始まると、情報が世界中に迅速に広がり、短時間で大きな影響を及ぼすことがあるので要注意です。

匿名性

匿名性があると……

名前や顔など、個人情報を特定できないネット上では、匿名性が強くなります。普段は抑えている感情や本音を出しやすいため、攻撃的な発言をしたり、炎上を起こしやすくなります。

集団的浅慮

集団的浅慮は同じ価値観を持つ人々が集まり多様性に欠けた議論を行うことで、集団の意思決定が浅はかになる現象です。

CHAPTER 1

08

KEY WORD

社会的排斥

黒い羊効果

仲間外れはなぜ起こるの？

「黒い羊効果」がメンバー内の評価に影響するから

私たちの社会では時に**「仲間外れ」**が生じます。社会心理学では**「社会的排斥」**と呼び、集団から拒絶されたり無視されたりすることをいいます。集団の凝集性と生産性を高めるために、パフォーマンスが低いと見なされる人を排除するなどの行為が誘発されることがあるのです。原因はさまざまですが、例えば、スポーツのチームで他のメンバーより明らかに技術が劣っている選手への拒絶や無視などはその一例でしょう。

ここで表れるのが、**「黒い羊効果」**です。黒い羊効果とは、内集団の好ましいメンバーが、同じ程度に好ましい外集団のメンバーよりも高く評価され、内集団の好ましくないメンバーが、同じ程度に好ましくない外集団のメンバーよりも低く評価されるという現象です。

人は自分が所属している集団を肯定的に評価する傾向があり、その価値を落としかねないメンバーを集団から排除しようとする結果、黒い羊効果が生じます。

これは能力の優劣だけには限らず、組織に合わないと感じる人や新しいチャレンジをしている人に対しても行われます。

帰属意識が高い集団ほど、反動として「黒い羊」への敵対意識も強くなります。この問題に対処するためには、**個々の違いを受け入れる文化を育む必要があります。**チームワークを重んじ、人の多様性と特性を理解し尊重することが大切です。

黒い羊効果

社会心理学者のホセ・マルケス教授の実験を紹介します。ベルギーの学生 184 人に対し、「親切である」「悲観的である」などの特徴で表された人物像を提示し、7 段階で評価するよう求めました。提示された人物像は、以下の 6 パターンです。

❶ベルギーの学生

❷北アフリカの学生

❸好ましくないベルギーの学生

❹好ましくない北アフリカの学生

❺好ましいベルギーの学生

❻好ましい北アフリカの学生

実験結果

- 好ましいベルギーの学生は、好ましい北アフリカの学生より高く評価された
- 好ましくないベルギーの学生は、好ましくない北アフリカの学生より低く評価された

自分と同じグループに所属していると考えている人を、好ましい特徴を持つ場合はより高く評価していましたが、好ましくない特徴を持つ場合はより低く評価していたという結果になりました。

CHAPTER 1

09

KEY WORD

公正世界仮説

自己責任

ネット上で自己責任論が見られるのはなぜ？

不公正な出来事には不公正な原因があると解釈する心理が働くから

貧困や犯罪被害について話すとき、しばしば**「自己責任」**という言葉が飛び交います。**「困窮しているのは自業自得」「スリに遭ったのは治安の悪い国に行ったからだ」といった被害者バッシングや自己責任論**はなぜ起こってしまうのでしょうか？　特にネット社会ではこのような「自己責任論」が目立ちます。

自己責任論の背景には、社会心理学者のメルビン・ラーナーによって提唱された**「公正世界仮説」**があります。

公正世界仮説とは、世界は公正に成り立っていて、人の行いに対しても公正な結果が返ってくるという説です。**努力をすれば報われて、悪いことをすると悪いことが返ってくる**、という公正世界仮説を信じる人にとっては、自分や他人の今の境遇は、それが「自分たちの選択の結果である」と考えられるのです。公正世界仮説は、良い行いをして悪い行動を控えようという考えを持ったり、社会秩序の維持に役立っているともいわれています。

その一方で、困窮していたり、犯罪に巻き込まれるのは「その人に原因があるに違いない」と短絡的に結論づけてしまうなど、行き過ぎた批難に向かうこともあるので、注意が必要です。つい反射的に被害者を責めたり、偏見を持つ衝動を抑え、冷静で倫理的な判断ができるようにしましょう。

公正世界仮説

ラーナーの実験

公正世界仮説に関するラーナーによる実験を紹介します。この実験では被験者に、人に電気ショックを与える様子を何度も見せて、被験者の心理状態がどのように変化したかを観察しました。※電気ショックを受けている人は、実際には俳優で全て演技をしています。

❶被験者は電気ショックを受けている人を見て、最初は動揺した

❷そのうち「被害者はなんらかの悪いことをしたから電気ショックの罰を与えられているんだろう」と思うようになる

❸被害者をさげすむようになる

❹電気ショックを受けることで報酬が出ると聞かされた場合は、被害者をさげすむことがなくなった

実験結果

この実験の結果から、ラーナーは、公正世界仮説が人々の意識のなかに普遍的に存在していると理論化しました。不公正なできごとを目の前にすると、彼らが苦しむに値するだけのことをしたのだ、と人は解釈するとラーナーは結論づけました。

CHAPTER 1

10

KEY WORD

権威主義的パーソナリティ

同調圧力

コロナ禍でマスク警察が登場したのはなぜ？

人は社会的な規則や権威に従順な傾向があるから

コロナ禍のさなか、私たちの周りに「マスク警察」と呼ばれる人々が現れました。これは、一部の人々が他人のマスクの着用状況を監視し、注意を与える行動です。では、なぜこのような現象が起きたのでしょうか？

これには**「権威主義的パーソナリティ」**というドイツ出身の学者テオドール・アドルノが提唱した概念が重要なカギとなります。権威主義的パーソナリティとは、人の性格類型のひとつで、強い者や権威、社会のルールや指示に従うことを非常に重視し、それに反する人々には**正義感をもって厳しい評価を下しがちです。**

コロナ禍では、政府や自治体から「外出自粛」や「マスク着用」など、さまざまな指示が出されました。**「同調圧力」**も働き、**「周りの人が着用しているから、自分だけ外しづらい」**という意識から、多くの人々がこれに従いましたが、中にはマスクをつけなかったり、自由に外出する人もいました。彼らの行動は、権威主義的パーソナリティを持つ人々にとっては、大きなストレスとなりました。「自分はルールに従っているのになぜ従わないのか」という感情が募り、マスク警察の登場に繋がったのです。

権威主義的パーソナリティ

社会的な規則や権威に従順な人は、それに反する人々に正義感をもって厳しい評価をしがちです。

同調圧力

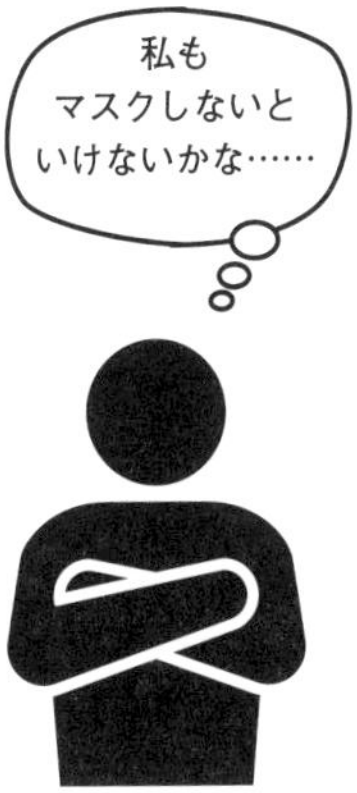

P.14 で紹介した同調圧力により、周りの人がマスクをしていると、自分もマスクをしないといけないという意識が働いてしまいます。

CHAPTER 1

11

KEY WORD

エコーチェンバー現象

都市伝説・陰謀論を信じてしまうのはなぜ？

特定のグループの情報しか見ないことでその考えが正しいと思い込んでしまうから

ネットで**「地下鉄は実は政府の秘密基地への入り口だ」**という都市伝説を読んだことがあります。ユニークな話で、本当だったら面白いと、少し信じたくなる話です。しかし、なぜ私たちは**こんな話に魅かれ、信じてしまいたくなる**のでしょうか。

都市伝説や陰謀論にハマる人の多くは、P.32 でもご紹介した**「権威主義的パーソナリティ」**の傾向があります。彼らは文字通りの権威だけでなく、同じ価値観を持つ人々の意見も権威として受け入れやすいのです。これを**「エコーチェンバー現象」**がさらに助長させます。エコーは「こだま､反響」､チェンバーが「小さな部屋、空間」という意味で、同じような意見や価値観を持つ人々が、インターネットの中で互いに自分たちの意見を強化し合い、異なる意見が入り込みにくい状態になる現象です。例えば、SNS で特定のグループに参加すると、その**グループのメンバーからの情報しか見ることがなくなり、その考えが正しいと思い込む**ようになります。

そのため、エコーチェンバー現象は人やコミュニティの対立や分断を生んでしまう危険性があります。エコーチェンバー現象を避けるためには、**さまざまな情報源から情報を得るよう心がけ、物事の本質を見極め、論理的に考えることを常に意識する姿勢が大切です。**

エコーチェンバー現象

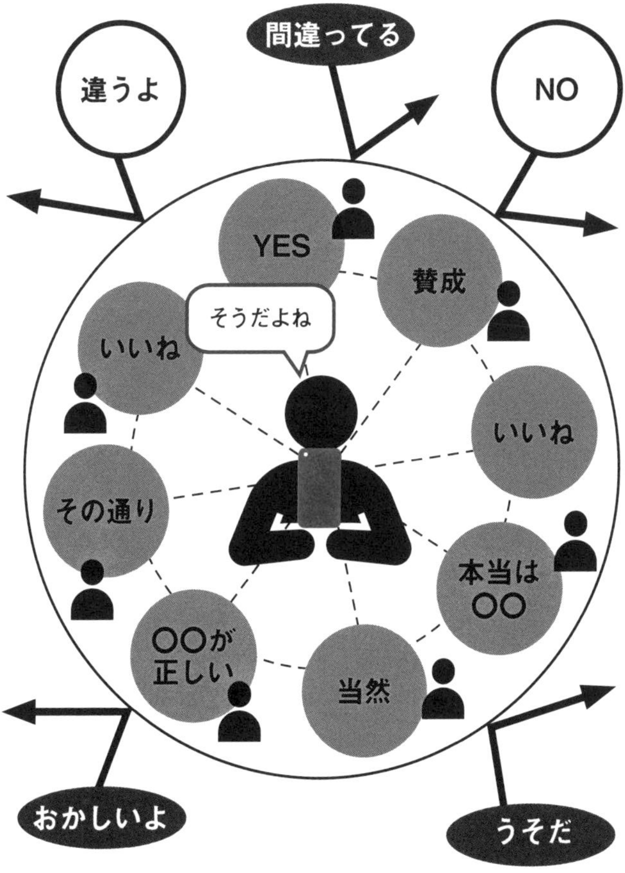

同じような意見や価値観を持つ人々が、SNS などの特定のグループのなかで自分たちの考えを述べ、それを肯定されることで、お互いに意見を強化し合い、反対の意見は入り込みにくくなります。すると、そのグループ内の意見や価値観が正しいと思い込むようになります。

CHAPTER 1

12

KEY WORD

メタ認知

認知

不確かな噂やフェイクニュースに冷静に対処するには？

第三者の視点を意識して認知の偏りを修正する

SNSの普及に伴い、誰もが情報を受信、発信しやすくなりました。

しかし、一方で、インターネット上には不確かな情報やフェイクニュースも増加しています。あふれかえる情報のなかから正確な情報を見抜くことは、容易なことではありません。また、デマ情報や誤情報を、そうであるとは気付かずに善意で拡散させてしまうこともあるかもしれません。

不確かな情報に振り回されないためには、**「メタ認知」**の向上が重要です。メタ認知とは、自分の思考や行動を客観的に観察し、評価する能力を意味します。根拠のない噂を盲信するのではなく、一歩引いて情報の出所や根拠を冷静に分析し、判断する必要があります。

例えばフェイクニュースのような不確かな情報を信じてしまうのは、未知や不確定な要素に対して感じる不安に心を支配されるのが原因です。このような情報に対しては**メタ認知を働かせ、客観的な視点から判断することが大切です。**情報を多面的に分析することが、誤った判断を避けるためには不可欠です。また、メタ認知能力を高めると自分自身を客観的に認知できるようになります。結果的に、コミュニケーションが上手く図れるようになり、ビジネスシーンにも私生活にも役立ちます。

メタ認知を高めることは、自己客観視の力をつけることに繋がります。目の前のことしか見えなくなっていると思ったら、メタ認知を意識すれば不確かな噂やフェイクニュースなどから距離を置く助けにもなるでしょう。

メタ認知

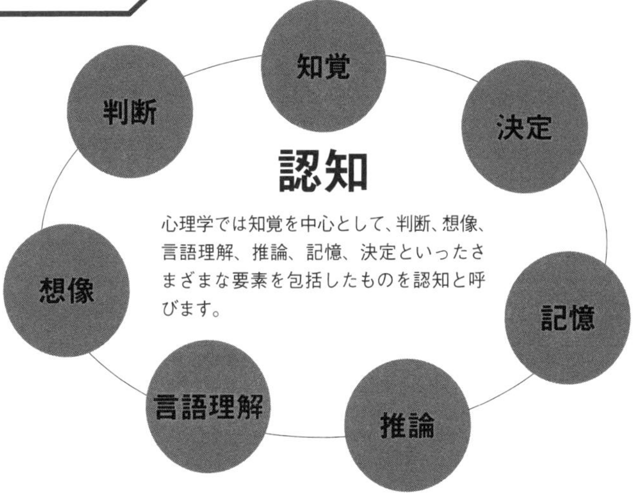

認知とメタ認知の関係

自分の言動を客観的に理解し、第三者の目線から見られるようになると、ひとつの意見や考え方に固執することなく、広い視野から物事を考えることができるようになります。

CHAPTER 1

13

KEY WORD

多元的無知

なぜマスクやトイレットペーパーを買い占めてしまうの？

他人が何を考えているかわからずみんなと同じ行動をしてしまうから

2020 年の前半、コロナ禍におけるスーパーでのとある風景が印象的でした。マスクやトイレットペーパーが次々と品切れになり、ガランと空いた棚だけがありました。なぜ、人々は買い占めをしたのでしょうか？

これは**「多元的無知」**から起きる現象です。多元的無知とは、他人が何を考えているかわからないので、とりあえず**自分もみんなと同じように行動してしまう**ことです。

例えば、自分自身はマスクを大量に買う必要がないと頭ではわかっていても、「みんながマスクを買い占めるかもしれない」と推測して、結局自分も買いに走るのです。**個人が集団の行動を予想し、それにもとづいて行動すると、集団行動が起きる**のです。

この心理が、マスクやトイレットペーパーの買い占めの原因です。もしみんなが普段通りの量を買っていれば、決して品切れは起きなかったはず。しかし、「他の人が買い占めるかもしれない」と多くの人が推測したから、みんなが必要以上に買い求め、結果的に品切れが発生したのです。多元的無知について知っておくことは、自分の考えや行動が社会全体にどのような影響をもたらすのかを理解する助けになります。マスクやトイレットペーパーの買い占めは、個人の小さな不安が集まって大きな影響を生んでしまった例です。このメカニズムを理解することで、将来同様の事態が起きた際には、もっと冷静に、そして社会全体を考えた行動ができるのではないでしょうか。

多元的無知

例 災害時の買い占め現象

災害など非常事態が発生

⬇

トイレットペーパーやマスクなどを買う人が増加

⬇

自分はそうする必要がないと思っていても、とりあえずみんなと同じように行動しておけば無難だろうという心理が働く

アンデルセン童話『裸の王様』

多元的無知を象徴するお話として、デンマークの童話作家アンデルセンの『裸の王様』があります。新しい服が大好きなある国の王様が、仕立て屋を名乗る２人組の詐欺師にだまされ、「バカには見えない布地」でできた衣装を着てパレードに出てしまいます。民衆たちはバカだと思われたくないので王様の衣装を褒め称えますが、１人の子どもが「王様は裸だ！」と叫ぶと、それを聞いた大人たちも「王様は裸」と叫んだというお話です。本音を言えなかった大人たちは多元的無知の典型といえます。

CHAPTER 1

14

KEY WORD

正常性バイアス

なぜ危険な状況でも大丈夫だと思ってしまうの？

予期せぬ事態に遭遇したときほど平静を保とうとするため

朝起きて、なんとなく体調が悪いかもしれないと思っても「大したことない、単なる風邪だろう」とやり過ごそうとしたことはありませんか？　もしかしたら、病気の早期発見や治療が遅れる可能性があるのに、私たちは「たぶん大丈夫だろう」と考えがちです。予期せぬ事態に直面したとき**「大したことはない」と思い込む心の傾向を「正常性バイアス」といいます。**

日常生活では、正常性バイアスは一時的な安心感を与え、不安や恐怖を減らす役割があります。一方で、危険な状況では重大事を見過ごし、適切な対応を妨げることがあります。例えば、会社でのネットの安全問題。経営者が「私たちは大丈夫」と考え、必要なセキュリティ対策を怠ると、大きなデータ漏えいやサイバー攻撃のリスクにさらされます。

このバイアスは、有事の行動にも影響します。**洪水や災害の警報が出た際に、「今まで問題なかったから、今回も大丈夫」と判断**し、必要な対応が遅れてしまうことがあります。この考えは、自分や他人の安全を危険にさらすことに繋がるのです。

正常性バイアスを乗り越えるには、日常からリスク意識を高め、緊急時の対応計画を立て、準備をすることが大切です。また、情報に基づいた理性的な判断を心がけることも必要です。そうすることで、無意識のうちに起こる正常性バイアスを減らし、安全な行動選択ができるようになります。

正常性バイアス

正常性バイアスは予期せぬ事態に遭遇しそうになっても「大したことない」「きっと大丈夫」と思い込もうする心理傾向です。そのため、災害時において適切な行動が取れなくなる恐れがあります。

CHAPTER 1

15 災害時に安全に避難するにはどうすればいい？

KEY WORD

習慣行動

事前に習慣化しておくと安全・迅速な避難ができるようになる

日本は地震大国であり、地理的に海に囲まれた国であるため、どこにいても津波の被害を受ける可能性があることは留意しておかなければなりません。地震だけでなく、河川の氾濫や火災、台風による土砂崩れなど、いつどこで災害が起こってもおかしくないと言えるでしょう。

「ルールを決めておく」というのは、災害発生時の行動指針を明確にしておく重要なステップです。

例えば、災害の警報が出た場合、安全な避難場所はどこか、避難するタイミングはいつか、といった具体的なルールが必要です。事前に「ルールを決めておく」習慣を確立しておくことで、どのように避難すればよいか予測がしやすくなり、落ち着いて避難できるようになります。

また、**社会心理学の視点から見ると、習慣行動の確立**によって、効率的な避難が期待できます。学校や自治体、企業単位で防災訓練を定期的に行うことであらかじめルールを共有し、協力しあって行動することには大きな効果があるでしょう。

このように、**「習慣化する」**ことにより、災害時の逃げ遅れや混乱を防ぎ、安全に避難するための基盤が作られます。ルールを知り、それに従い行動することで、私たちの命と安全を守ることができます。

習慣行動

警報が出たら・・・

ルールを決めておく

・安全な避難場所はどこ？
・いつ避難する？
・どうやって避難する？
といったルールを決めておくことが大事。

訓練によって習慣行動にしておく

想像しているだけでなく、実際のそのルートを何度か通ったことがあれば、体が覚えて、とっさのときにも習慣として行動できるようになります。

スムーズに避難できる

CHAPTER 1

16

KEY WORD

傍観者効果

責任の拡散

事件や事故を見ても なかなか助けに いけないのはなぜ？

目撃者が多いと、誰かが 助けるだろうと考えてしまうから

ある日、道端で誰かが座り込んでいるシーンを見かけたしたとします。しかし、その場には目撃者はたくさんいましたが、誰もすぐには動こうとしませんでした。なぜでしょうか？

実は、これは**「傍観者効果」**と呼ばれる現象の一例です。社会心理学者であるラタネとダーリーが提唱したもので、他人が困っているとき、傍観者が多いほど援助行動が取られにくくなるという現象を指します。傍観者効果の背景には、**「責任の拡散」**という法則が関係しています。多くの人がいる状況では、**「自分がやらなくても誰かがやってくれる」**という気持ちが強くなり、行動を起こす動機づけが下がってしまうのです。

自分が困っている人を助ける行動をするには、時間や労力などのコストがかかります。人々は無意識的にコスト計算し、救急車の到着を待つ間に会社に遅刻するリスクや上司に怒られる可能性などを考慮します。そうしたさまざまなコストを計算すると、多くの人が**「いや今日は急いでいるし、私がやらなくてもこれだけ人がいるから誰かやってくれるだろう」**と判断するのです。

アメリカ・ニューヨーク州で起きた「キティ・ジェノヴィーズ事件」という殺人事件では、38 人の目撃者がいたにもかかわらず、誰も助ける行動を取らなかったと言われています。これも多くの他者がいると援助行動を起こしにくくなる傍観者効果の影響です。

傍観者効果

社会心理学者のラタネとダーリーは、人は自分以外に他人（傍観者）がいることを認識すると、「自分がしなくてもきっと誰か助けるだろう」と思って援助行動をしなくなるという仮説を立てて実験を行いました。

・学生は２名・３名・６名の３つのグループに分けられ、それぞれ１人ずつ個室に通される

⬇

・マイクとインターホンを使って順番に発言、討論をするという説明を受ける

⬇

・その最中、参加者の１人が突然苦しみ出し、助けを求める声が流れるものの、発言の持ち時間が終了し、マイクが切れてしまうという事態が発生する

⬇

・この緊急事態に際し、被験者が、廊下にいる実験者にこれを知らせるかどうか、また、知らせた場合、かかった時間が測定された

実験結果

２名の場合

自分しか緊急事態を目撃したものがいない状況では、迅速に報告する傾向が見られました。

6名

傍観者が多いほど援助行動が取られにくくなるという結果になりました。被験者たちには「責任の拡散」という意識が生まれ、他人がやってくれるという考えが強くなり、行動を起こす動機づけが下がってしまうことがわかりました。

CHAPTER 1

17

KEY WORD

援助行動モデル
(5つのステップ)

緊急事態の際に人助けをする心理条件とは?

人助けをするときには5つの心理的ステップがある

道端で困っている人を見かけたとき、私たちはどのように反応するでしょうか？　助けを求める声に耳を傾けて行動に移す人、気にはなるけれど「他の人がやるから」と言って自分ではやらない人、もしくは見て見ぬふりをする人。この反応の違いは、社会心理学で**「援助行動モデル（5つのステップ）」**という考え方で説明できます。

5つのステップでは、まず状況の認識が必要です。次にその状況がどれほど緊急かを判断。3番目に、自分に責任があると感じる。そして4番目に、どう助けるかの方法を考え、最後に援助を実行するという流れです。

このモデルは、私たちがなぜ行動を起こしづらいのか、その理由を探る際にも参考になります。例えば、道に座り込んでいる人を見て、「ただ酔っているだけだろう」と判断すれば、放っておいても大丈夫だと思って、援助する動機は減ることでしょう。

しかし、その人が体調を崩しているとわかれば、援助する確率は高まります。このように、**状況の認識は援助行動に直結します。**援助行動を取ることは簡単ではありません。

私たち一人ひとりがこれらのステップを意識することがはじめの一歩となります。たとえ小さな一歩であっても、その一歩が大きな変化を生むことを忘れてはなりません。

援助行動モデル

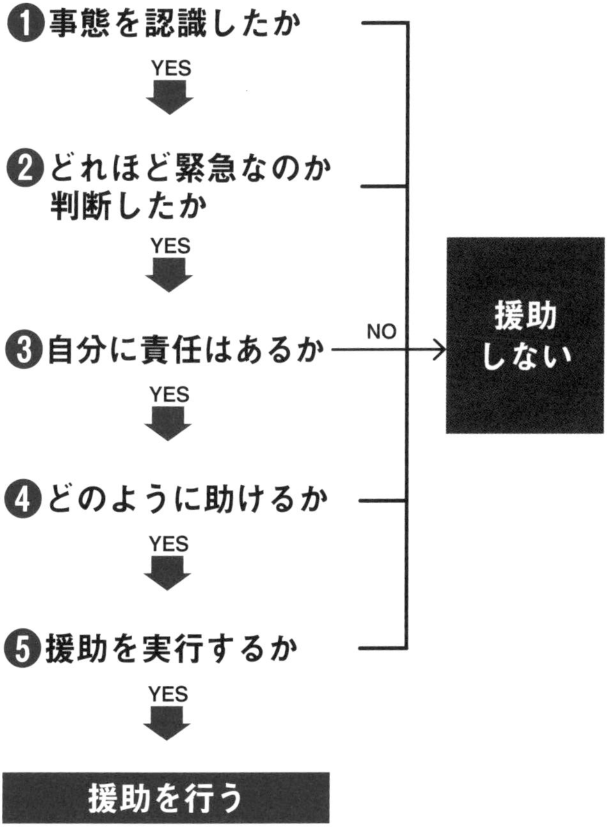

「誰も助けてくれない」という冷たい社会を変えるには、５つのステップを意識して積極的に援助行動をすることが大切です。

CHAPTER 1

18

KEY WORD

利用可能性
ヒューリスティック

飲食店を選ぶときに口コミサイトを信用するのはなぜ？

自分の入手しやすい情報や思い出しやすい情報に頼って判断するから

飲食店を選ぶ際、多くの人がネット上の口コミサイトを頼りにするようになりました。なぜでしょうか？　これには**「利用可能性ヒューリスティック」**という社会心理学の概念が関わっています。

利用可能性ヒューリスティックとは、**人が判断や推測をする際に、簡単に思い浮かぶ情報や印象深い体験に頼る傾向**のことです。ヒューリスティックは経験則と同義と言われています。このため、身近で頻繁に目にする情報が、実際よりも重要であると錯覚してしまうのです。

例えば、口コミサイトをはじめとして、メディアやSNSでは、飲食店に関する評価や体験者の声が数多く見られるようになりました。これらの評価を参考にして、飲食店の質や人気を推測して、行ってみるか検討することになります。

しかし、実際には情報が口コミサイトに公開されていないだけで、他の多くの店のなかにも同等かそれ以上の美味しい料理や質の高いサービスを提供してくれる店があるかもしれないのです。

利用可能性ヒューリスティックを用いた意思決定では、思い出しやすい事柄を過度に一般化してしまうために、必ずしも最善の選択ができるとは限らないでしょう。大事な場面での決断のときには一度立ち止まり、**自分がバイアスや利用可能性ヒューリスティックに振り回されていないかを考えてみましょう。**

利用可能性ヒューリスティック

主な例

友だちの情報

ネット上の口コミ

トベルスキーとカーネマンの実験

英語話者である 152 人の被験者に対し、英語の文章に関する質問をしました。

「Kという文字を思い浮かべてください。Kが単語のスペルの先頭に来る場合と、３番目に来る場合では、どちらが多いでしょうか？」

実験結果

実際には、K が単語の３番目に来る場合のほうが多いのですが、105 人の被験者が、単語の先頭に来る場合が多いと答えました。

この理由について、ある特定の文字（K）からはじまる単語のほうが、３番目にくる単語よりも思い浮かべるのが簡単だから、とカーネマンは結論づけました。利用可能性ヒューリスティックが働き、K からはじまる単語のほうが思い出しやすいので、たくさんあると判断した人が多かったのです。

CHAPTER 1

19

KEY WORD

バーナム効果

なぜ占いは当たっているように感じるの？①

占い師の誰にでも当てはまる言葉を「自分のこと」だと思い込むから

占いで「なんでこんなに当たるんだろう」と思ったことはありませんか？「あなたはなにか悩みがありますね」と言われたら、「どうしてわかるんだ？」と感じるかもしれません。しかし、占い師は「悩みがあるから占いに来た」と当たり前のことを言っただけです。これは**「バーナム効果」**と呼ばれるものです。バーナム効果とは、大抵の人に当てはまることを**「これは私のことだ」と思わせる心理的効果**です。アメリカの心理学者ポール・E・ミールが、興行師P・T・バーナムの「We've got something for everyone」（誰にでも当てはまる要点がある）という言葉から名付けました。

占い師はバーナム効果を使い、人々が納得しやすいような言葉を選びます。そして、相手の服装やしぐさ、年齢、身体的特徴などを観察することで得られた情報を伝えることで、**「初期信頼」**を得ます。例えば、相手が女性で結婚指輪をしていたら、「ご主人とうまくいっていないのですか？」と尋ねたり、逆に指輪をしていなかったら「恋愛についてお悩みですね？」と質問したりするのです。すると相手はズバッと核心を突かれたと感じるわけです。この初期信頼があると、後であいまいで一般的なことを言われても、占い師の言うことを信じてしまい、「当たった」と感じるのです。私たちは自分の経験や感情に基づいて、**あいまいな情報でも特定の意味を見出そう**とする傾向があります。占いに限らず、相手の言うことを鵜呑みにせず、一旦バーナム効果の可能性を考え、客観的な視点を持つようにしましょう。

バーナム効果

占い師はシャーロック・ホームズのように相手の服装やしぐさ、年齢、身体的特徴を観察して納得しやすいことを言って初期信頼を得ます。

「この占い師は当たる」と信じさせたら、誰にでも当てはまるような一般的なことを言っても「当たった」と感じさせられます。

バーナム効果に気をつけるには

相手の言うことを鵜呑みにしたくなければ、バーナム効果の可能性があることを考えて、客観的に話を聞くようにしましょう。

CHAPTER 1

20

なぜ占いは当たっているように感じるの？②

KEY WORD

予言の自己成就

確証バイアス

占いや予言に従って行動した結果予言が現実になったように感じるから

朝、テレビの星占いで「今日のラッキーカラーは赤」だと聞いて、赤を身に着けて外出すると、ちょっとした良いことが起き、占いが当たったと感じる。誰でも一度はこんな体験をしたことがあると思います。これには**「予言の自己成就」と「確証バイアス」**が働いている可能性があります。「予言の自己成就」とは、ロバート・K・マートンというアメリカの社会学者が提唱した概念です。星占いで良いことが起こると言われると、ポジティブな気持ちで一日を過ごし、実際に良い結果が得られる可能性が高まるかもしれません。**人々が予言や期待に従って行動する**ことで予言が現実になったように感じるのです。一方、「確証バイアス」は、自分の信念や思い込みや価値観を正当化するため、**自分にとって都合の良い情報を集めようとする**ことです。占いが良い結果を示していたら、良い出来事に焦点を当て、悪い出来事を無視しがちになるのは確証バイアスのなせる業です。

この二つの効果が組み合わさると、占いの結果が自分の行動に影響を与え、予言が現実になったように感じるのです。この有名な例として、1932 年に起きたアメリカの旧ナショナル銀行の倒産があります。健全な経営をしていた旧ナショナル銀行でしたが、あるときから「あの銀行は危ない。倒産するらしい」という噂が立ちました。その噂を信じた人々が預金を引き出すために殺到し、結果的に旧ナショナル銀行は倒産してしまいました。**噂を信じて人々が行動したことで、その状況が実現してしまった**典型的な例です。

予言の自己成就

星占いでラッキーカラーを見て、その色を身に着けたら良いことが起こることがあります。思い込みや価値観を正当化するため、都合の良い情報を集めることが「確証バイアス」です。

予言や期待に従って行動することで、予言が現実に起こったと感じるのが「予言の自己成就」です。

CHAPTER 1

21

KEY WORD

規範的影響

情報的影響

なぜ行列ができている飲食店に並んでしまうの？

みんなが並んでいるなら おいしいに違いない、と考えるから

飲食店の前にできている長い行列を見たとき、なぜか自分も並びたくなることがあります。これは**「規範的影響」と「情報的影響」**という社会心理学の概念で説明できます。規範的影響とは、**他人が何をしているかを見て、その規範から外れずに従おうとすることです。**これはアッシュの同調実験（P.14参照）でよく見られる現象です。明らかに間違った答えでも、周囲の人がそう答えているから、自分も同じ回答をしてしまう状況です。同様に、何の行列かわからなくても「みんなが並んでいるから、良いことがあるかもしれない」と思い、後に続くわけです。

一方で、情報的影響とは、**他人の行動から「正しい情報」や「有益な手がかり」を得ようとする心理です。**例えば、評判のラーメン店があって、おいしいという噂を聞いたとします。インターネットで探すこともできますが、実際に行列ができているのを見ると、「多くの人が認めているからおいしいに違いない」と思ってしまいます。つまり、**他人の判断や行動が、自分の意思や行動に影響を与える**わけです。

こういった効果を踏まえて、私たちはどのような意識を持つのがいいでしょうか。行列に並ぶ前に、その行列が本当に自分の求める価値に合致しているかを判断することです。ただ流行に惑わされるのではなく、自分でリサーチし、自らの判断で行動することが大切です。他人の行動は参考にはなりますが、盲従するのは危険です。あくまで自分で判断することを心がけましょう。

規範的影響

規範的影響は、周りの人を見て合わせようとすることです。「みんな残業しているのに自分だけ定時で帰ったら仲間はずれになるのではないだろうか」などと考えてしまう心理です。

情報的影響

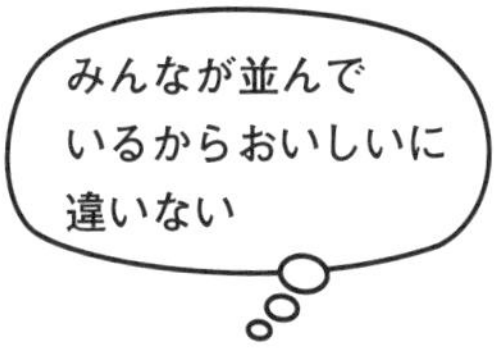

他人の行動から「正しい情報」や「有益な手がかり」を得ようとする心理が情報的影響です。「行列ができるラーメン店はおいしいに違いない」という考えを持つことは情報的影響を受けていることになります。

CHAPTER 1

22

マウントを取りたがる友だちがいるのはなぜ？

KEY WORD

マウンティング

アイデンティティ

自己確信

他者と比較することで自分の価値を確認したいから

友だちのＡさんが「なかなか予約の取れない高級レストランで食事をした」と自慢話を始めたとします。その言葉の裏には、ある種の優越感が感じられます。Ａさんは、自分が優れていることを認めさせ、優位に立とうとしているのかもしれません。

相手よりも上のポジションから、優位性を自慢したり、威圧的な態度を取ることを**「マウントを取る」「マウンティング」**などと表現するようになりました。

社会心理学の視点から見ると、マウントを取る行動は、「アイデンティティ」や「自己確信」を満たすための手段と考えることができます。**「アイデンティティ」とは、個人が自己を認識し、他者と区別する基盤**となるものです。

そして、**「自己確信」は、自分の価値や能力に対する確信**です。「自信」と言い換えてもいいでしょう。欧米諸国では、子どもに早い段階から自己確信を持たせる教育が行われています。**他者と比較することなく、自分の価値を認識する教育**です。

マウンティングがストレスになるときは、さりげなく距離を置きましょう。

また、他人からのマウンティングに左右されない心を持つためには、他人と比べず、他人の評価に依存しない**「自己確信」**の形成が重要です。自己確信とは、文字通り自分の能力や強みに対して、強い信頼感を持つことで、自分の判断や責任を持って行動することができます。

マウンティング

自慢話や充実した生活をアピールし、相手を見下すことで優越感を得るのがマウンティングです。

自己確信

自分の価値や能力に自信があれば、マウントを取る必要がなく、マウンティングされても気になりません。

CHAPTER 1

23 「有名人と友だちなんだ」と自慢する人がいるのはなぜ？

KEY WORD

栄光浴

有名人との関係を示すことで自分の存在をアピールしたいから

「芸能人の○○と中学のとき同じクラスだったんだ」「スポーツ選手の○○は実家が近所なんだ」など、有名人と知り合いであることを自慢したがる人がいませんか？　このような人は、有名人と自分の関係を示すことで、自分の存在をより強くアピールする効果を狙っています。

自分が有能であることを示したくて、とにかくマウンティングできる話題を探しているにもかかわらず、自分に誇るべき特性がないので、知り合いの有名人を担ぎ出すのです。

そして、そんな自分は周囲の人々よりも恵まれた境遇にあると考え、優越感を得ようとします。

このような行動は**「栄光浴」**といいます。文字通り、**人の栄光を自分自身に浴びせているわけです。**

知り合いの有名人ネタはちょっとしたエピソードとして話す分には楽しいのですが､度を超すと､話を聞く方は「別にあなたがすごいわけでもないのに」と思ってしまいます。

このような他人頼みのマウンティングは自信のなさの表れとして受け止められることもあるのであまり多用すべきではないでしょう。

もし、このような人が周りにいたら、まともに取り合わずに、「すごいね」とほめて、うまくかわすようにしましょう。

栄光浴

有名人と知り合いや友だちであると、関係を示すことで、自分の存在をより強くアピールする効果を狙うのが栄光浴です。

もし、周りにこのような行動を取る人がいたら、「へー、すごいね」とほめて、うまくかわすようにしましょう。

CHAPTER 1

24

KEY WORD

集団凝集性

チームの結束力を高めるにはどうすればいい？

共通の体験をし、共通の目標を持つことが大切

結束力の強いチームには、何か特別な力があるように感じます。例えば、部活動では選手たちは一緒に練習し、試合に臨み、共通の目的に向かって努力することで、チームとしての結束力を深めます。これは社会心理学では、**「集団凝集性」**が高まっている一例だと考えられます。集団凝集性が高い状態だと、メンバー間に強い絆があり、お互いに高い評価を持ち合っています。この状態では、**メンバーがチームや組織をより好きになり、チームが一丸となって目標へと向かう力が高まります。**

では、集団凝集性を高めるにはどうしたらいいでしょうか？　日本の伝統的な方法は、**飲み会や社員旅行といった共通の体験をする**ことです。これらは仲間意識を育み、共感を生み出します。山に登るなどのレクリエーションは、ただ楽しいだけでなく、一体感を創出する側面もあるのです。

一方、集団凝集性が低いチームでは、派閥が形成され、メンバー間の評価にばらつきが生じます。チームの結束力を弱め、組織全体としてのパフォーマンス低下につながる可能性があります。

これを踏まえ、チームの結束力を高めるためには、**共通の体験を増やすだけでなく、全員が互いを尊重し、共通の目標を持ち、好意的な関係を築くことが大切**です。飲み会やイベントは有効な手段ですが、それに頼りすぎず、日々のコミュニケーションや、個々の成果を認め合う文化を育てることも重要です。

集団凝集性

集団凝集性が高いことのメリット

- メンバー間に強い絆があり、帰属意識が高まる
- 組織力が強化され、目標を達成しやすくなる
- 心理的安全性が高まる

集団凝集性が高いことのデメリット

- 同調圧力が生じる可能性がある
- 集団的浅慮に陥る恐れがある

集団凝集性が低いと

- 派閥が形成され、メンバー間の評価にばらつきが生じる
- チームの結束力が弱くなる
- 組織全体のパフォーマンスが低下する

集団凝集性を高めるには

共通の体験を増やす

共通の目標を持つ

CHAPTER 1

25

KEY WORD

スタンフォード
監獄実験

与えられた役割は行動に影響する？

役割に基づき、行動が変わるケースがある

人々がどのように役割に従って行動するか、興味深い社会心理学的な事例があります。**「スタンフォード監獄実験」**という有名な研究です。この実験は 1971 年に、心理学者のフィリップ・ジンバルドーによって行われました。大学生を「看守」と「囚人」の役割に割り当て、仮設の刑務所環境での行動を観察しました。次第に囚人役は反抗的な行動を取るようになり、対して看守役は高圧的になっていきました。

役割行動とは、与えられた役割に基づき、行動を変えることです。例えば、先生は生徒に知識を教え、警察官は治安を守る。商店の店員は笑顔で接客するといったことです。**職業によって役割を演じている**のです。

社会にはさまざまな役割があります。そこには家庭内の役割も含まれます。時にはお父さんやお母さんの役割が、社会的な期待や**「性役割」**としての慣習に沿って決定されることもあります。

スタンフォード監獄実験の教訓は、**役割が人の行動に与える影響が極めて大きい**ことを表しています。しかし、これは**時として過剰な行動や偏見を生む**危険もはらんでいます。役割に囚われ過ぎず、柔軟性を持って、個人の価値や感情を尊重することが大切です。社会的な役割が私たちの行動に深く影響を及ぼすということを常に念頭に置くようにしましょう。

スタンフォード監獄実験

スタンフォード監獄実験は、監獄を模した実験室に被験者を集め、看守役と囚人役に役割を分けてそれぞれの様子を観察し、役割に応じた態度や行動を取ってしまうか実験しました。

看守役

- 制服、警棒、ホイッスルなどが渡される
- 3人で8時間ごとのシフト制で参加
- 具体的な指示は与えない（暴力行為は禁止）

囚人役

- 足に鉄製の鎖、私物の利用禁止
- 24時間参加
- タバコやトイレなどは許可制

時間とともに、看守役は次第に非人道的な行動を取るようになりました。囚人役はストレスと圧力によって反抗的な態度になり、それに対して看守役も高圧的になっていきました。

看守役がより過激になり、囚人役のなかから心身の不調を訴える人が出てきました。ついには、禁止されていた暴力行為も発生したため、2週間行われる計画が、6日目に実験中止となりました。

CHAPTER 1

26

KEY WORD
敵意帰属バイアス

あおり運転をする人の心理は？

他人の行動を敵対的なものと思い込み攻撃的な行動を取ってしまう

道路上で怒りっぽいドライバーに出会った経験はありませんか？　車を運転しているときに、後ろから急接近してきた後続車がぴったりとくっついてきたとしたら、それは敵意帰属バイアスの影響を受けた運転手の**「あおり運転」**かもしれません。この行動の背後にある心理を、社会心理学の視点から探ります。

「敵意帰属バイアス」は、**他人の行動が敵対的なものである**と思い込んでしまう偏った考え方をすることです。あおり運転をする人は、他人の運転に対して敵意を感じやすく、**自分は正義で相手は悪**だと勝手に決めつけて、自分の反応は相手の行動に対する「仕返し」であると正当化してしまうのです。

例えば、道路で前方を走る車のドライバーが少しスピードを落としただけで、あおり運転をする人は、それを故意の嫌がらせととらえ、怒りを感じるということです。その怒りが火種となり、危険な運転行動に繋がるのです。

しかし、この「敵意帰属バイアス」を理解すれば争いを避け、安全な運転を心がける手助けになります。例えば、このバイアスを持っている人のなかには、自己肯定感が低かったり、自信がなかったり、幸せを感じていなかったりする人が散見されます。相手の行動を個人の性格だけの問題ととらえず、状況の影響も考えるようにしましょう。敵意を抱きがちな人に出会った場合は、**下手に相手にせずその場を離れるように心がけてください。**

敵意帰属バイアス

他人の行動が敵対的なものと思い込んでしまうことを「敵意帰属バイアス」といいます。

例①あおり運転

前方を走る車がスピードを少しだけ落としてきました。敵意帰属バイアスが強い人は、敵意を感じて、前の車にぴったりとくっついて短い車間距離で走ったり、警報機を鳴らすなど、あおり運転をしてしまいます。

例②ヒソヒソ話

職場で、同僚２人がヒソヒソと話をしています。近くを通りかかると、こちらをチラッと見てきました。たまたま目が合っただけかもしれないのに、敵意帰属バイアスが強い人なら、「私の悪口を言っているかも」と思い、怒りを感じてしまいます。

CHAPTER 1

27

KEY WORD

攻撃手がかり

普段おとなしい人が突然、攻撃的になるのはなぜ？

近くに武器があると攻撃的な行動に繋がりやすいから

普段はおとなしい人が、突如として攻撃的な行動を取ってしまうという事例があります。その人の性格が急に変わったわけではなく、この変化の背後には**「攻撃手がかり」**という社会心理学の概念が関わっています。攻撃手がかりとは心理学者のレオナルド・バーコヴィッツが提唱した理論で、**人は怒りが沸いたときに、そこに攻撃するための道具があることで実際に攻撃行動に移る**というものです。普通は怒っただけでは攻撃しませんが、すぐそばに棒状のものや刃物などがあれば、それらは攻撃手がかりとなり、攻撃行動を誘発しやすくなります。武器になるものが手元にあると、人々は不安や恐怖を感じ、争い事が発生した際に、自分を守る手段としてそれらを使用する確率が高まります。武器があることで、一時的に安心感を得られるかもしれませんが、それが**逆に攻撃的な行動を引き起こす**可能性もあるのです。

攻撃手がかりを理解することで、私たちは争い事を避ける手助けになる環境を整えることができます。例えば、争い事が起こりそうな場所では、攻撃的な手がかりとなる物品をなるべく排除する、または目立たない場所に保管するといった工夫が考えられます。日々の生活の中で攻撃的手がかりのない環境を作るよう心がけていくことが大事です。私たち自身も、周囲の状況に影響されず、穏やかな心を保ち続けるよう努めましょう。

攻撃手がかり

バーコヴィッツの実験

心理学者のバーコヴィッツは、意図的に怒らせた被験者たちを３つのグループに分け、そばにおもちゃの銃が置いてあるときと何もないときでは、前者の方が、より攻撃行動が発現することを示した実験を行っています。

Aグループ

電気ショックを放つボタンの側に銃が置いてあり、その銃は実験協力者のものであると説明されたグループ。

Bグループ

ボタンの側に銃が置いてあるが、その銃とこの実験とは関係ないと説明されたグループ。

Cグループ

ボタンの側には何も置いてないグループ。

Ａの被験者がもっとも多く電気ショックで協力者に攻撃を行い、Ｃのグループがもっとも攻撃を行いませんでした。銃というアイテムの有無が攻撃行動を誘発しているのであり、またその銃にどういう意味付けがなされているかも攻撃行動に影響を与えていることが実験により明らかになりました。

CHAPTER 1

28 悲惨な事件があっても自分とは関係ないと認識することがあるのはなぜ？

KEY WORD

加害者の悪魔化

楽観バイアス

別世界の出来事だと思うことで巻き込まれる可能性は低いと考えるから

テレビのニュースで、ある公園で深夜に起きた痛ましい事件が報道されたとします。このような事件を見聞きしたとき、多くの人は加害者を**「異常な存在」と見なし、恐怖を感じます。と同時に「異常な存在だから自分とは無関係だ」**と考えることがあります。

これは社会心理学的な視点から見ると、**「加害者の悪魔化」**という現象です。加害者を非人間的かつ特別悪質な存在として認識することで、**「こんな悪い人は自分の日常生活に出てくるわけがない」**ととらえるわけです。

ニュースを見てショックを受けても、あくまで自分とは関係ない世界で起きた出来事で、同じような事件に巻き込まれる可能性は低いだろうと感じて、安心を取り戻すわけです。

加えて**「楽観バイアス」**という概念が働きます。心理学者のターリ・シャロットによると、人は将来予測をする際にポジティブに考え、ネガティブな出来事を経験する可能性が低いと考える傾向があります。

そのため、**特に根拠がないにも関わらず、事件や交通事故に遭ったり、病気になるなどの不幸な出来事が起こる可能性が低いと考え、自分は大丈夫だと思ってしまう**のです。

しかし、真実から目を背け、加害者を異常な存在として一括りにするのは、犯罪の再発防止や社会の安全性向上に繋がらないという側面もあります。

加害者の悪魔化

凄惨な事件が起きたとき、「そんな異常なことは自分とは別の世界の出来事だ」と決めつけて安心しようとするのが加害者の悪魔化です。

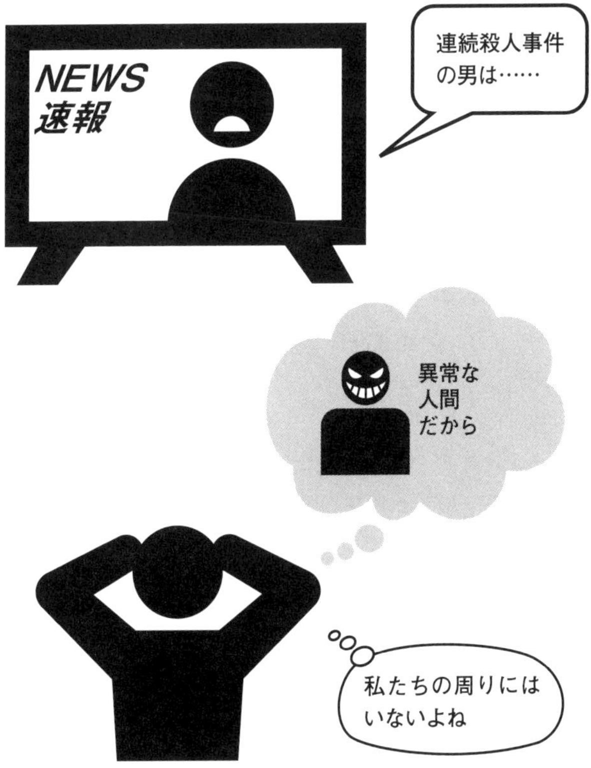

「悪魔は現実にはいないから関係ない」と真実から目を背け、事件を虚構の世界に押し込めてしまうと、犯罪の再発防止や社会の安全の向上に繋がりません。加害者を人として見ることで、初めて犯罪への対策が進みます。

CHAPTER 1

29

KEY WORD

一般交換

限定交換

直接互恵性

間接互恵性

人に親切にすると巡り巡って自分に返ってくる？

他人を助けると良い評判が広がり結果として利益につながることもある

誰かに道を聞かれたとき、無視することなく親切に教えてあげたことはありませんか？ これは利他的な行動で、一見、自分にメリットがないように見えますが、実は違います。社会心理学では**「間接互《ご》恵性《けいせい》」**という概念で説明できます。その前に、**「一般交換」「限定交換」**という概念を説明します。

一般交換とは、条件を限定せず幅広い相手に行われる親切な行為です。反対に限定交換は特定のグループや個人に対してのみ行われる親切な行為です。

そして、人に物をあげたり、助けたりすると、それと同等の物や援助を期待できます。**直接、相手とやり取りする場合は「直接互恵性」**といいます。人間だけでなく動物にも見られ、例えば、吸血コウモリは血を分け合う行動をします。そうすることで互いのサバイバルに直接貢献します。

一方、直接的な恩恵のやり取りではなく、「情けは人のためならず」という言葉の通り、**良い行いが巡り巡って自分に戻ってくるという期待に基づくのが「間接互恵性」**です。他人を助けることで、良い評判が広がり、困ったときにはそれが自分を助けるかもしれないというわけです。直接、その相手から自分に利益が返ってこなくても、結果として利益につながる可能性があります。社会心理学の視点から言えば、直接互恵性だけでなく間接互恵性も視野に入れることで、社会的な繋がりを強化し、自分にも良いことがあるということになります。だからこそ、私たちは日々の行動において利他行動を意識することが重要なのです。

一般交換と限定交換

一般交換

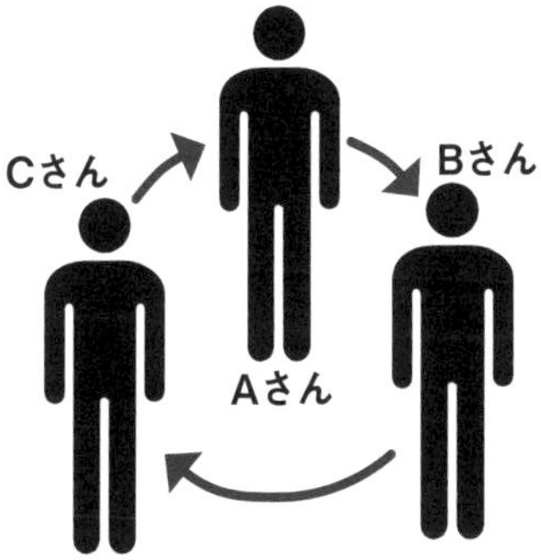

一般交換とは、与える人と受け取る人が同一ではなく、幅広い相手に行われる親切な行為。道を聞かれたときに親切に教えてあげるようなことです。

限定交換

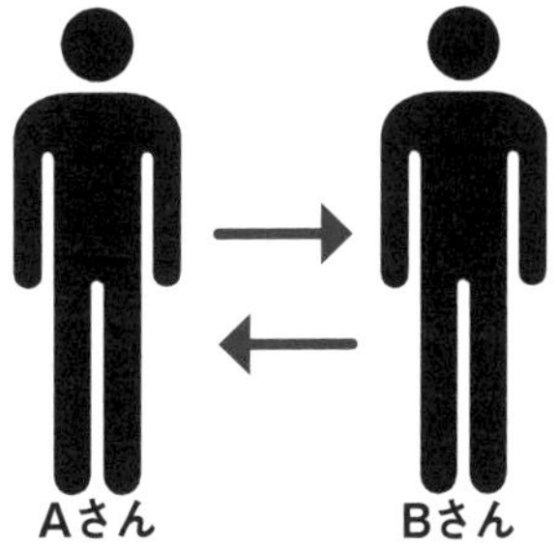

限定交換は、特定のグループや個人で交換する行為です。直接、相手とやり取りする場合は「直接互恵性」といいます。

間接互恵性

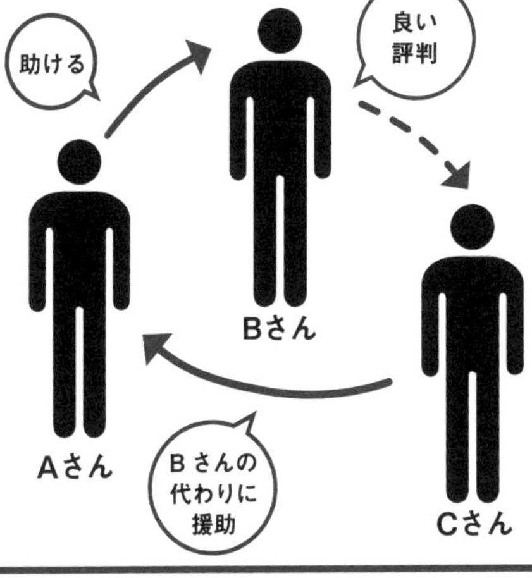

良い行いをすれば巡り巡って自分に戻ってくるという期待に基づく行動に「間接互恵性」を見ることができます。例えば、AさんがBさんに援助をしたとします。その良い評判を聞いたCさんは、Aさんに困ったことがあるとBさんの代わりに手助けをするかもしれません。

COLUMN 1

組織の生産性を高めるには？

先日、面白い話を聞きました。その人の会社では、プロジェクトチームの成果を出すために、毎週金曜日に「お菓子会議」という名のミーティングを開催しているそうです。この会議のルールは簡単で、お菓子を持ち寄って楽しく話しながら、仕事の進捗を共有すること。ユニークなアプローチですが、効果を発揮しているそうです。

実は、これは「プロセス·ゲイン」を生み出す絶好の例です。プロセス·ゲインとは、社会心理学の用語で、チームメンバーの相互支援や相乗効果により、組織全体の生産性が向上する現象です。「お菓子会議」は、プロセス・ゲインを生み出すための工夫と言えるでしょう。

一方で「プロセス·ロス」もあります。これはチーム内で協調が取れず、結果的に全体の生産性が下がることを意味します。例えば、チームメンバーの中に「他の人がやってくれるから大丈夫だろう」と手を抜く人が現れたり、意思疎通がうまくいかなかったりすると、プロセス・ロスが発生します。

では、組織の生産性を高めるにはどうすればよいのでしょうか。チーム内のコミュニケーションの改善がカギになります。「お菓子会議」のように会議に楽しい要素を取り入れることで、メンバー間の関係が強化され、協力しやすくなる工夫も大切です。

プロセス・ロスを避け、プロセス・ゲインを最大限に生み出すことで、組織はより大きな成果を達成できます。楽しみながらコミュニケーションが取れる工夫を取り入れましょう。

CHAPTER 2

人間関係とコミュニケーションの心理学

CHAPTER 2

30

KEY WORD

ステレオタイプ

A 型は几帳面で都会の人はせっかちって本当？

特定の属性への先入観が偏った見方に繋がることも

就職活動をしている学生たちが一斉に黒いスーツを着る姿は、馴染み深いものですが、みんな同じ格好をしている光景は、外国人の目には異様に映るようです。

これは就活といえば黒いスーツという**「ステレオタイプ」**に学生自らが合わせているともいえるでしょう。

ステレオタイプとは、**世間一般の多くの人に浸透している固定観念や思い込みのこと。国籍・宗教・性別などを含め、特定の属性を持つ人に対する先入観のこと**です。アメリカのジャーナリストであるウォルター・リップマンによって提唱された概念です。

ステレオタイプの身近な例としては血液型の「A 型は几帳面」「O 型は大雑把」「日本人は勤勉」なども挙げられます。

ステレオタイプは、**人が知らないものでも簡単に理解し、対応できるようにする心理的なショートカット**です。その意味では、人間が効率的に生きるための生存戦略のひとつといえるかもしれません。

しかし、型にはめた考え方で対象を理解しようとしすぎると、その人自身やその物の特性・性質を見失う可能性もあるので要注意です。自分のイメージするステレオタイプが対象を見る目をくもらせていないかと振り返って考えることも必要でしょう。

ステレオタイプ

世間一般の多くの人に浸透している固定観念や思い込みに合わせるために黒いスーツを着ることで「私は社会規範を守ります」とアピールできます。

警察官の制服などを着用することには、特定の職務や役割を担っていることを他者に伝える役割もあります。

よくあるステレオタイプの例

❶血液型性格診断

「A型は几帳面」「O型はマイペース」など、血液型によって性格に典型的な特性があるという話は、科学的な根拠がなく、ステレオタイプの例といえます。

❷地域性・県民性

「寒い地方の人は忍耐強い」「沖縄の人はおおらか」「都会の人はせかせかしている」など、地域性・県民性もよく話題に出ますが、あくまでイメージに過ぎません。

CHAPTER 2

31

KEY WORD

ハロー効果

清潔感がある人が誠実そうに見えるのはなぜ？

その人への評価が特徴的な印象に引きずられてしまうから

初対面の相手が、身だしなみが整っていてハキハキ話す人だと、その人に対して信頼できそう、仕事ができそうと感じたりするものです。これは、社会心理学で言う**「ハロー効果」**という現象です。ハロー効果とは、**特定の良い特徴がその人の他の資質にも良い印象を与える現象**です。例えばアメリカでは、美人やハンサムな人は性格もよく、能力も高くて成功すると見なされがちです。

ハローとは「後光が差す」というときの後光のことです。後光効果ともいわれます。ハロー効果は大きく２種類に分けられます。

１つ目がポジティブ・ハロー効果です。人の特徴のうち、良い点を見て、他の点も実際より高く評価することをいいます。身なりをいつも清潔にしている人や、明るくハキハキと話ができる人は、きっと仕事もできて性格も良い人だろうと思われます。

反対に、ネガティブな方向へのハロー効果のことを、ネガティブ・ハロー効果といいます。例えば、買い物をしているとき、店員の対応や店内の雰囲気が悪いと、商品そのものに魅力を感じなくなってしまうことなども、この効果の一例でしょう。

ハロー効果

一つの特徴が他の特徴についての印象に影響を与える現象がハロー効果です。

CHAPTER 2

32 人は何度も見るものを好きになる？

KEY WORD

単純接触効果（ザイアンスの法則）

接触するほど警戒心が薄れ、親しみや好意を抱くようになる

テレビやネット広告で同じコマーシャルやバナーを何度も見ることはありませんか？　例えば、テレビで繰り返し放送される某ブランドの缶コーヒーのCM。不思議と見る度にその商品に対して親しみを感じるようになるのではないでしょうか。コンビニで見かけたら「CMでやっていたコーヒーだ」とすぐに気づくでしょう。これは**「単純接触効果」**が働いているからです。

単純接触効果は、対象の物や人物に対して次第に警戒心が薄れ、ファミリアリティ（親しみやすさ）や好意を抱くようになる効果のこと。アメリカの心理学者ロバート・ザイアンスによって提唱されたので、彼の名前を取って**「ザイアンスの法則」**とも呼ばれています。この心理効果は商品のコマーシャルにも多く利用され、マーケティングの基本とされています。視聴者に何度も同じ商品を見せたり、名前を連呼することで、単純接触効果を利用して商品の魅力を浸透させる狙いがあるのです。

しかし、**単純接触効果には注意も必要**です。何度も同じものに接することで、そのものに対して好感を持ちやすくなるという心理は、広告だけでなく、日常生活のさまざまな場面でも影響を及ぼします。そのため、何に対して好感を持つのか、なぜそのように感じるのかを理解し、**自分の感情や判断が操作されないように心がけることが重要**です。これによって、より良い選択や判断ができるようになるでしょう。

単純接触効果

ザイアンスの実験

ザイアンスが行った実験を紹介します。12人の被験者に見ず知らずの他人がそれぞれに写った写真を、1枚につき2秒のペースで無作為に86回提示しました。その後、被験者は各写真に対する好感度を0～6の7段階で評価します。すべての写真には提示回数（＝接触回数）を設定し、0回・1回・2回・5回・10回・25回の条件に、それぞれ写真を2枚ずつ割り当てます。

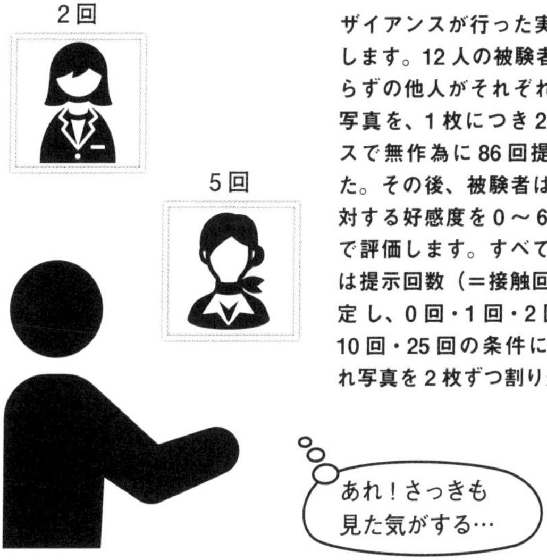

実験結果

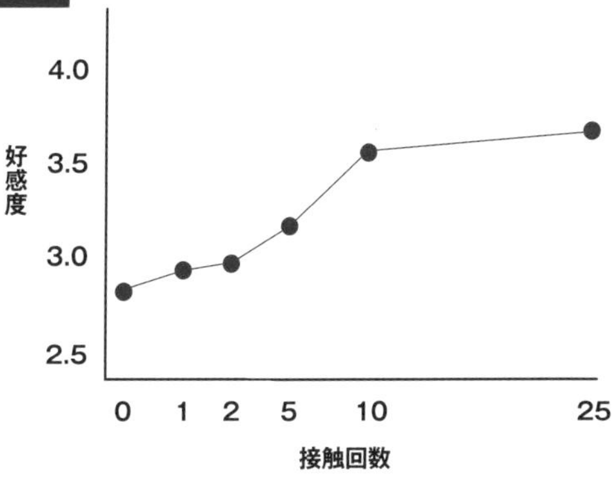

提示の後の好感度評価では対象を繰り返し見ることで、対象の特徴とは無関係に好感度が変化するという結果になりました。

CHAPTER 2

33

KEY WORD

マッチング原理

人は共通点が多いほど親近感を抱く？

マッチング原理により、似ている相手に好意を持ちやすくなる

友達を作る際、例えば好きな音楽や趣味、外見などから共通点を見つけて、気が合いそうな人を選んでつき合いが始まることがよくあります。その理由は、共通点が多いと話が合うだけでなく、**親近感**を持つからです。

この現象は**「マッチング原理」**といわれ､似ている点や共通点が多かったり、価値観が同じだったりすると親近感を抱きやすいという原理です。

恋愛関係においてもマッチング原理が働くことで、外見や趣味、嗜好、社会的地位が似ている人同士がカップルになりやすい傾向があります。最近では、**マッチングアプリが普及**したため、お互いの情報をデータで詳しく調べられ、外見の魅力だけでなく、仕事内容や年収、趣味、ライフスタイルなどが自分と近く、一緒にいて楽しめるかを判断できるようになっています。ここでも**マッチング原理が働き、自然と自分に合った人を選んでいる**のです。

マッチング原理の興味深い事例として、**職場恋愛や大学のサークル、趣味仲間における関係性**が挙げられます。これらの場面では、**共通の環境や趣味、価値観が重要な役割を果たしています。**例えば、職場やサークルなどで一緒に過ごす時間が長いことで、自然と共通の話題や興味を持ちやすく、それが親近感や好意に繋がるのです。また、趣味仲間の間では、特定の趣味や興味を共有することが、強い絆を生む基盤となります。

マッチング原理

CHAPTER 2

34

KEY WORD

条件づけ

なぜCMには好感度の高い有名人が起用されるの？

無意識のうちに商品とタレントの好感度が関連づけられているから

私たちの日常にあふれるCMや広告。そこには、目を引くような明るい笑顔や魅力的な存在感を放つ有名人が起用されています。これは単なる偶然ではなく、**「条件づけ」**という社会心理学の理論に基づいています。

条件づけとは、二つの刺激が結びつけられることで、ある反応が自然と引き出されるようになる心理学上の現象です。この原理は、パブロフの実験が有名で、犬にメトロノームの音と食事を関連づけさせたことで知られています。これと同じ原理が、人間の行動にも適用されるのです。

具体例を挙げてみましょう。人気の高いタレントが清潔なイメージを持つ洗剤の広告に出演した場合、私たちは**無意識のうちにそのタレントの好感度をその商品に重ねています。**ただし、この効果はタレントの行動に左右されることがあります。たとえば、そのタレントが不倫などのスキャンダルを起こすと、それまでの好感度は一転して商品イメージにも悪影響を及ぼすことになります。その結果、CMからの降板につながるわけです。

企業はブランドイメージを守るために、有名人を起用する際には細心の注意を払います。最近では、起用する有名人との間に詳細な契約を結び、品行方正な振る舞いを義務付けるケースも少なくありません。このように心理学的な視点からも、商品やサービスが有名人に「条件づけ」されたことによって無意識のうちに好感度が上がる仕組みが見えてきます。

条件づけ

人気のあるタレントを起用したテレビコマーシャルは、視聴者が持つタレントに対する好感度と、コマーシャルで売り込む商品を重ね合わせる古典的条件づけの一例です。

CHAPTER 2

35

KEY WORD

ジェンダーバイアス

なぜ女性は気が利いて男性は気が利かないと思われるの？

性別に基づいた先入観や偏見が広まっているから

世間一般では、女性は気が利くけれど男性は気が利かないといわれることも多くあります。なぜこのような考えが蔓延しているのでしょうか？　相手を気遣う配慮ができるのに男女差はありません。

この現象は社会心理学的には**「ジェンダーバイアス」**によるものです。ジェンダーバイアスとは、性別に基づいた先入観や偏見です。女性は家庭での役割や育児、介護などを担い、男性は外で働くという旧来の性による役割分担から「女性は気が利く」というバイアスが生まれ、育児、介護、保育といった仕事に適しているという偏見が広まったのです。

また、女性は感情的であり、男性は論理的というようなステレオタイプもジェンダーバイアスの一例です。これにより、女性が文系、男性が理系に適しているといった偏見が生まれました。

このジェンダーバイアスは**現代社会において個人の能力や個性を制限するといった問題を引き起こす可能性があります。**事実、気配りや配慮ができる男性もいるし、理系の女性研究者も多くいるにも関わらず、男女差を前提としたような思い込みは今も幅を効かせているのではないでしょうか。私たちは、ジェンダーバイアスによる性別による役割分担や期待からもっと自由になってもいいはずです。

ジェンダーバイアス

❶色や形によるイメージ

一般的に、ピンクや丸い形は女性らしさを象徴するとされ、青や角張った形は男性らしさを表すというイメージがあります。これらの色や形の使用は、無意識のうちにジェンダーのステレオタイプを強化する可能性があります。

❷言葉による固定観念

「強い」や「リーダー」といった言葉は男性に、一方で「優しい」や「きめ細やか」といった言葉は女性に頻繁に関連付けられます。これらの言葉の使用は、ジェンダーに関する固定観念を強化し、不平等を生む原因となることがあります。

❸性差がある（＝能力差がある）という決めつけ

男性は理系が得意で、女性は文系が得意といったように、性差を能力差ととらえる決めつけがしばしば見られます。このような決めつけは、個人の能力を適切に評価する機会を奪い、ジェンダーバイアスを助長することになります。

CHAPTER 2

36

KEY WORD

非言語
コミュニケーション

なぜ欧米人はマスクを嫌がるの？

日本は目で感情を表現し欧米では口元で表現するから

昔から「目は口ほどに物を言う」と言われています。何も言わなくても目を見ればわかるということです。これは日本と欧米諸国でかなり文化差があります。例えば、サングラスをしている人を見たとき、日本人は少し警戒します。サングラス姿には、何かを隠していると感じたり怖く感じたりするのです。しかし、欧米人はサングラスをそれほど気にしません。

逆に、欧米人から見ると、マスクをしている人を怖いと感じたり、不快に思ったりする場合が多いようです。この違いは、**「非言語コミュニケーション」**を目でするのか、口でするのかの違いにあります。

非言語コミュニケーションとは、言葉以外の方法で相手にメッセージを伝えること。**日本人は目で感情を表現する傾向があり、欧米人は口元の動きで感情を表現します。**そのため欧米人は、時として大袈裟に口角を上げて笑うことで嬉しさを伝えます。こうした文化的な違いからサングラスやマスクへの感じ方も変わってくるのです。ちなみに、マスクに関しては、日本人は風邪予防や花粉症対策でよく使用します。一方、欧米では、マスクをしている人はよほどの大病を患っていると思われる可能性があるのです。

マスクにしろ、サングラスにしろ、言葉以外で伝える非言語コミュニケーションの重要性を理解し、**お互いに相手の文化や習慣に敬意をはらうことが大切です。**異文化間でのコミュニケーションでも、この点を理解しておくことでスムーズな人間関係が築けるでしょう。

非言語コミュニケーション

非言語コミュニケーションは、表情や身振り手振り、声のトーン、相手との距離、相手に触る、服装、姿勢など、言葉以外で相手に考えを伝えたり、それらを手掛かりに感情を読み取ったりするコミュニケーションです。

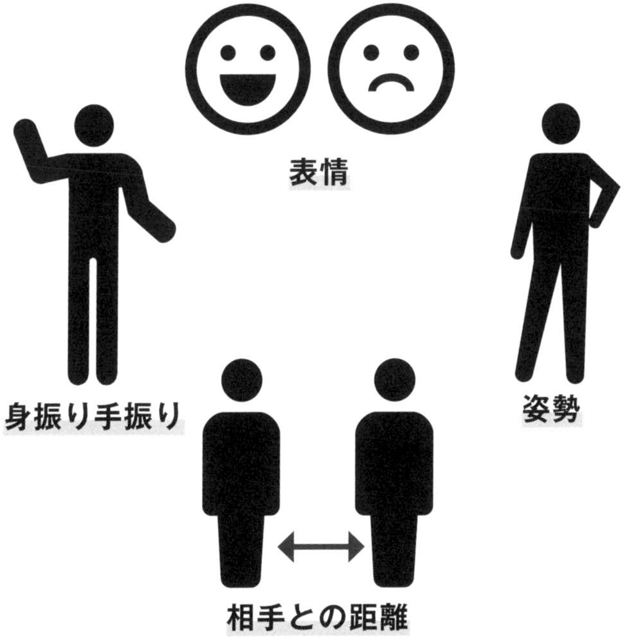

非言語コミュニケーションにおいて、日本人は目で、欧米人は口元の動きで感情を表現します。そのため日本人はサングラスを、欧米人はマスクを嫌う傾向がありますが、お互いの文化の違いを理解して、敬意を持ちスムーズにコミュニケーションを取るようにしましょう。

CHAPTER 2

37

KEY WORD

つり橋効果

錯誤帰属

好きな人と親密になるには一緒に刺激的な体験をするといい？

ドキドキや高揚感を恋愛感情と勘違いする心理効果がある

好きな人ともっと親密になりたい。そんなとき、どうすればいいのでしょうか？　例えば、デートでドキドキするような場所に行くと、相手との距離が自然と縮まります。ジェットコースターやお化け屋敷など、刺激的な場所は**「つり橋効果」**を引き起こす可能性があるからです。

つり橋効果とは、不安や緊張からくる高揚感を「自分はその人に魅かれている」と誤解する心理的な現象です。1974 年にカナダの心理学者ダットンとアロンが、つり橋を題材にした実験からある理論を打ち出しました。**男女が文字通り、つり橋を渡るときにドキドキすることでお互いが魅力的に見えてくる**というものです。

スリリングな場所で共に過ごすことで、ドキドキを恋愛感情と誤認する**「錯誤《さくご》帰属《きぞく》」**が起こり、親密さが増します。スリル満点の映画で、窮地に立たされた２人が絶体絶命の状況を共に切り抜けるなかで恋に落ちるのもこの効果によるものです。

デートでわざわざジェットコースターやお化け屋敷といったスリルのある場所に行かなくても相手と距離を縮めることは可能です。相手と歩調を合わせたり、呼吸を合わせたりするだけでも心理的な距離が近くなり仲良くなるのには有効です。

共通のドキドキ体験によって、相手との絆を深めるチャンスを増やすことが、親密な関係を発展させるカギとなるのです。

つり橋効果

ダットンとアロンの実験を紹介します。揺れるつり橋と安定した橋、それぞれを渡っている人にサクラ（女性もしくは男性）が話しかけ、アンケートに答えてもらいます。

サクラが実験参加者に電話番号を渡しました。後日、つり橋の被験者のほうが、電話をかけてくる数が多かったという結果になりました。つり橋の上で揺れるドキドキと高揚感が、異性への好意と誤認され、恋愛行動をうながすことが示されました。

錯《さく》誤《ご》帰《き》属《ぞく》

感情や状況の原因を誤って判断する心理現象です。例えば、緊張のドキドキを恋愛感情と勘違いすることなどがあげられます。

CHAPTER 2

38 三人寄れば文殊の知恵は本当？

KEY WORD

集団極性化

人は集団になると冷静な判断ができなくなることがある

「三人寄れば文殊の知恵」という言葉もあるように、１人より複数人で話し合う方が、多くの知識が集まるのですから、**「いいアイディア」「いい結論」**が出そうなものです。しかし終わってみると、思っていた以上にリスクの高い意見に決定してしまうことがあるものです。

これはアメリカのジェームズ・ストーナーが提唱した**「集団極性化」**という説で、**「集団における意思決定は、極端な方向に振れやすい傾向がある」**というものです。ストーナーによる実証実験は、アメフトのラストプレーで安全なプレーを行うか、リスキーなプレーを行うかという実験でした。結果、個人のときよりも集団のほうが、よりリスキーな選択をしてしまう確率が高くなることがわかりました。

もうひとつの実験はワラックとコーガンの実験で、学生にあなたが大学を受験するとしたら安全圏の大学か、ハイリスクの大学かと問うものでした。個人ごとに回答を聞くと安全圏の大学を選択することが多いのに対し、集団で話し合った回答ではハイリスクの大学を選択することが多くなったのです。これらの実験から**「集団だと『極端な意見』が注目されやすい」「個人の責任が軽いので、強気に決めやすい」**ということがわかりました。個人では冷静に判断を行うものですが、集団になると「赤信号、みんなで渡れば怖くない」という状態になりやすくなる可能性があることは覚えておく必要があるでしょう。

集団極性化

ストーナーの実験

Q アメフトの試合の中で残りワンプレーで試合が終わるという場面。次のどちらの判断をする？

❶安全なプレーを行う。試合を同点で終える

❷リスキーなプレーを行う
成功すれば勝って試合を終えられるが、
失敗した場合は試合に負ける

↓

それぞれに同じ質問をした

集団に聞いたときのほうが、リスキーな選択を取る確率が高かった（リスキー・シフト）

ワラックとコーガンの実験

Q 次の大学のなかから１つだけしか受験できないとしたら、どの大学を受験しますか？

❶合格率 100% の大学　❷合格率 90% の大学
❸合格率 70% の大学　❹合格率 50% の大学
❺合格率 30% の大学　❻合格率 10% の大学

６人の被験者が、まず個別に回答します。その後に６人での話し合いの時間を設けて、集団で回答を提出してもらいます。

↓

個人の回答では❶～❸の安全圏の大学を選択していたにも関わらず、集団での回答ではハイリスクな❹～❻の選択が増えました。

CHAPTER 2

39 企業で不祥事が起こるのはなぜ？

KEY WORD

- 集団極性化
- 集団的浅慮
- リスキーシフト
- コーシャスシフト

同じ価値観を持つ集団の意思決定が極端な方向に傾くことがあるから

最近、ある企業で大きな不祥事が起こりました。社員の間では、かなり前からその問題は知られていましたが、なかなか表には出てこなかったのです。

では、なぜ不祥事が起き、表面化するのが遅かったのでしょうか？

一般的に企業の不祥事の背後には、**「集団的浅慮《せんりょ》」**（P.26 参照）と**「集団極性化」**（P.90 参照）の影響が見られます。これらの概念は、人々がグループ内で意思決定する際の心理的なメカニズムのことです。

集団的浅慮は、同じ価値観を持つ人々が集まり多様性に欠けた議論を行うことで、集団の意思決定が浅はかになる現象です。その結果、リスクの高い決定が下される現象を、前頁でも触れましたが**「リスキーシフト」**といいます。安全な決定が下される**「コーシャスシフト」**という現象が起きることもありますが、その場合でも、グループ内の意見が極端な方向に傾く集団極性化の影響で意思決定を間違ってしまうこともあります。

例えば、2001 年にエンロン社が破綻しました。破綻の直接の原因は、経営陣の指示による巨額な粉飾決算でした。当時のエンロン社の企業文化は、極端な利益追求とリスクヘッジが賞賛され、批判的な意見は抑圧されていました。この結果、集団的な判断の誤りが生じ、実際の業績は隠蔽され続けました。最終的にはこの偽装が明らかになり、破綻に至ったのです。

リーダーの一面的な価値観が集団に共有されすぎていると、不祥事のリスクが高まります。

集団極性化

集団極性化が起きる理由

❶社会比較説

集団で協議するなかで、自分の意見と他のメンバーとの意見を比較して、より集団の価値観に合う方向に自分の意見を変化させるため。

❷説得的論処理理論

集団で協議するなかで、自分の知らなかった論拠に触れ、自分の意見に確信を深めた結果、より極端な方向に変化させるため。

リスキーシフト・コーシャスシフト

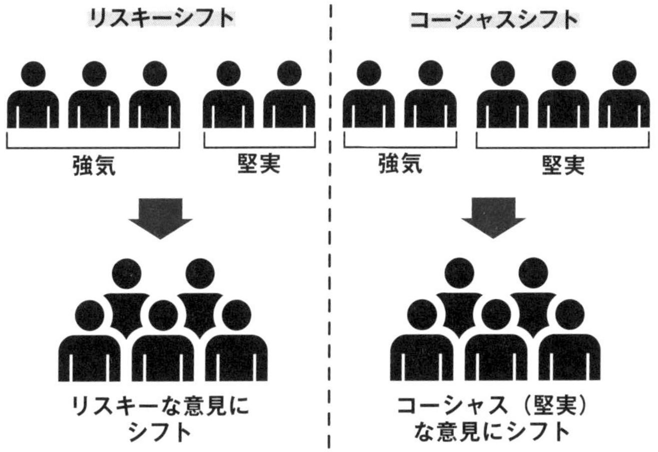

協議によって、グループの意見がより極端でリスクの高い方向になることをリスキーシフトといいます。一方、グループのなかの多数派が、危険を冒すのはよくないと思っている場合、堅実な結論になります。

CHAPTER 2

40 一度選択した判断をなかなか変えられないのはなぜ？

KEY WORD
心理的拘泥現象

これまでにかかった労力を無駄にしたくないから

例えばある企業で、多額の費用を投じて新規事業を立ち上げたのに、その事業がうまくいっていなかったとします。この時点で撤回や修正を行えば、大きな失敗に繋がる前に対処できます。

しかし、経営陣は投じた費用を考え、あとに引けなくなり、資金が回収できるまで事業を継続しようと考え、さらに損失が出てしまいました。これは**「心理的拘泥現象」**の一例です。この現象は、一度行った選択に固執し、間違いを認めるのを避ける心理状態を指します。**事業撤退することは、それまでにかけた労力や資源が無駄になったと認めることに等しいため、抵抗感が生じる**のです。

チームが同じ方向を向いたなかで意思決定をしていくと、それがよい結果にならなかった場合も集団的浅慮が進み、客観的な視野を持つことができずに、このような事態を招くこともあります。そうならないために、チームで意思決定する際に、あえて反対意見を述べるメンバーを用意しておくという方法があります。

反対意見を述べることで、同調圧力が解け、他のメンバーも遠慮なく、意見が言えるようになります。そうすることでさまざまな角度からの意見を引き出すことができ、議論が活性化し、誤った意思決定を認めて、改善のための議論をはじめられる可能性が高まります。

心理的拘泥現象

集団で会議をして
ある事柄を決定する

↓

「集団的浅慮」や「集団極性化」の
影響下で意思決定を間違ってしまう

↓

すぐに間違いを認めることをせず、
間違った決定を正当化して推し進めてしまう

＝心理的拘泥現象

↓

そのまま間違いを放置してしまい、
さらに問題が大きくなってしまう

CHAPTER 2

41

KEY WORD

社会的勢力

なぜブラック企業で働き続けてしまうの？

社長のビジョンに心酔し自ら長時間労働をしてしまうから

ある企業に就職をしたら、そこは極端な長時間労働をさせるブラック企業だったとします。しかし、社長はカリスマ的な人物で、希望に満ちた美しいビジョンを語ります。働いている社員たちは、その言葉に心を奪われ、「この企業なら自分も大きなことを成し遂げられるかもしれない」と感じて辞めたりはしないのです。人に影響を与え、動かす力のことを**「社会的勢力」**といい、右の５つに分類されます。

そのなかで、一般的なブラック企業の場合は、**「強制勢力」**を使って社員を強制的に長時間働かせます。強制勢力は、**罰を与えることで行動をコントロール**しようとする力です。ある全国規模の自動車販売会社では、言われた通りに業務を行わない社員に対してマイナス評価査定をして減給していく手法を取っていました。

ところが冒頭のカリスマ社長のいるブラック企業では、強制勢力ではなく**「準拠勢力」**が強く作用します。準拠勢力は、**他者を模範として行動を調整しようとする力**です。社長が魅力的なビジョンを描くことで、働く人々は社長に心酔し、自分自身もそのビジョンの一部になりたいと思い、自らの意思で長時間労働をするようになるのです。

社会的勢力

❶報酬勢力

給料など報酬を与えることで、人に影響を与える力

❷強制勢力

罰を与えたり、力で無理やり人を動かす力

❸正当勢力

上司や学校の先生など、社会的地位が高い者が指示、命令を出す場合に働く力

❹専門勢力

医師や法律家など、専門家のアドバイスなどに働く力

❺準拠勢力

好きな人や尊敬している人から受ける影響力

社会的勢力は５つに分類され、個人や集団が他者に影響を与える能力です。権威、影響力、コントロールなどが含まれ、政治、経済、文化など多様な場面で作用しています。

CHAPTER 2

42

KEY WORD

代理人状態

ミルグラム実験
(アイヒマン実験)

なぜ権威のある人からの指示には従ってしまうの?

人は命令されたことは責任を感じず実行してしまうから

大企業の中間管理職Aさんは、ある日突然、社長から「売上ノルマを達成するために部下に厳しいタスクを課すように」と指示されました。Aさんは「自分は命令されたことを実行しているだけだ」と思い、自身の責任を感じずに任務を遂行しました。この心理状態を**「代理人状態」**といいます。

この「代理人状態」の概念は、ミルグラム実験(アイヒマン実験)から見て取れます。イェール大学のスタンレー・ミルグラムの「擬似電気ショック発生器」を使った電気ショック実験です。ミルグラム実験では、被験者は他の人に電気ショックを与えるよう指示されます。実験中、被験者は「命令されたから」という理由で、最終的には最大の電力まで電気ショックを大きくして与え続けたのです。

ミルグラム実験は、特定の環境下では悪人でない普通の人であっても、**自分の責任を感じることなく命令されたことをそのまま実行して、人を傷つける行動を取り得ることを示しています。**それは時に恐ろしい結果を引き起こす可能性があります。では、私たちはどうすればこの「代理人状態」から脱却し、自分の行動に責任を持てるのでしょうか。まず、自分の意思をしっかり持ち、命令に盲従するのではなく、**命令が正しいかどうかを常に考える**必要があります。また、環境や状況に流されず、自分の価値観や倫理観を大事にすることです。これにより、命令されたことに対して自分の意志と尺度で責任ある行動ができるようになるでしょう。

代理人状態

自分の責任で判断せずに、上司などから言われた通りに実行すること。仮に犯罪まがいなことだとしても命令されたという理由で遂行してしまう状態を指します。

ミルグラム実験

良心に反することでも権威者の命令に人は従うのか、ということを調べた実験です。被験者は教師役として、隣室にいる生徒役の回答が間違うたびに強い電気ショックを与えることを実験者に要求されます。生徒役は実際には電気は流れておらず演技をしているだけです。電力は最初は 15V で、最高は命の危険がある 450V までありました。

実験結果

権威者の指示で他人に電気ショックを与え続けることを要求された被験者は、40 人中、26 人が最大の強さまで電気ショックを与えました。

CHAPTER 2

43

KEY WORD

希少性の法則

なぜ不動産屋は「他の人からも申し込みがあります」と言うの？

人は手に入りづらいものほど欲しくなってしまう傾向があるから

家やアパートを探しているとき、不動産屋がよく言う「この部屋は他の人からも申し込みがあるんです」というフレーズ。これは**「希少性の法則」**というマーケティングの戦略から来ています。希少性の法則は**レアで貴重なものだと知らされると、より価値があると感じる心理効果**のこと。他人が欲しがっているものは価値があると思って、欲しくなるのです。例えば、ネットショッピングで「残りわずか」と表示されると、本当に希少なのかを考える前に、ついクリックしてしまいがち。また、**「本日限り」「閉店セール」**といった言葉を見ると、得をするチャンスだと感じて欲しくもないものを買ってしまうものです。**希少性を強調し消費者の購買意欲を刺激する典型的な商法**です。

不動産業界では、物件が**「限られたもの」**として扱われます。そもそも物件は同じ間取り、条件のものはほぼないので、もともと希少価値が高い傾向にあります。そこに「他の人からも申し込みがあります」というセリフを上乗せすることで、希少性を強調して決断を急がせるのです。

これらの戦略には注意が必要です。閉店セールがいつも行われている店や常に「特売」をうたう店の商品には、本当は特別な価値があるわけではないかもしれません。希少性の法則に基づいた戦略は、消費者の心理をうまくつかむ商法ですが、その本質を理解し、**「本当に価値があるのか」と冷静に判断する**ことが求められます。

希少性の法則

希少なものほど、それに対する欲求や価値が高まる心理的原理が「希少性の法則」です。マーケティングではあえて貴重なものだと訴求して顧客の購買意欲を煽ります。例えば、限定商品はその希少性から高く評価されます。

CHAPTER 2

44

KEY WORD

大台割れ効果

カテゴリー化

「980円」など中途半端な価格設定が多いのはなぜ？

よりお得感を演出する心理的効果を利用しているから

スーパーやコンビニなどで、よく1,980円や398円といった価格設定の商品を見ることがあります。なぜ切りの良い数字ではないのでしょうか？

この値付けには**「大台割れ効果」**という心理効果があります。価格が大台を割ることで、お得感を消費者にアピールしているのです。

例えば、1,000円の品物が980円だと、1,000円台ではなく「900円台」と感じるので、購入者はより安く感じます。これには**「カテゴリー化」**という心理が作用しています。

カテゴリー化とは情報を処理しやすくするために、似た特徴を持つ物事を同一グループにまとめる心理的効果です。人間が膨大な情報のなかから迅速に意味を抽出するための戦略として、脳がそのような処理をするように進化したと考えられています。私たちは980円という価格を「1,000円以下」というカテゴリーに入れ、298円であれば2円しか違わないのに「200円台」と認識するのです。

しかし、カテゴリー化によって金額に端数が出ることのデメリットもあります。特に高級品を購入する際、小さな端数があると高額な価格感を薄め、購入者が本来の価値を見誤る可能性があります。

例えば、10,000円の高級品が9,980円になると、消費者は「10,000円未満」というカテゴリーに入れ、商品の本来の価値を過小評価することもあり得るのです。

大台割れ効果

1,000円

↓

980円

+20円で1,000円なのに、900円台と認識され、購入者は安く感じる。

商品が1000円よりも980円の方がぐっと安く感じられるという心理効果です。1000円の大台をわずかに下回る価格を設定すると、ケタがひとつ減るのでものすごく安いと感じます。

カテゴリー化

300円

↓

298円

2円しか違わないのに、購入者は200円台と認識してしまう。

人は980円という価格は「1000円以下」というカテゴリーに入れ、300円が298円であれば2円しか違わないのに「200円台」のカテゴリーとして認識します。

CHAPTER 2

45 松竹梅のうち、真ん中を選んでしまうのはなぜ？

KEY WORD
代表性
ヒューリスティック

相対的にお得に見せる販売戦略の影響を受けるから

私たちが買い物をする時、「松竹梅」の３種類の商品があったら、真ん中の「竹」の価格帯を選んでしまうことがよくあります。これは**「代表性ヒューリスティック」**という心理作用によるものです。代表性ヒューリスティックとは、判断や選択をするときに、よく知っていることや一般的なイメージに基づいて物事を簡単に判断する心理的傾向のことです。

例えば、価格が高すぎると「高級すぎて必要ない」と感じ、安すぎると「品質が心配」となるわけです。そのため、**真ん中の価格帯を「ちょうど良い」**と感じることが多いのです。結果的に、多くの人は「竹」を選ぶ傾向があります。

それを逆手に取って販売戦略にも利用されます。店舗で最も売りたい商品をわざと中価格帯に設定し、それより高価な商品を少量置くことで、中価格の商品が相対的にお得に見え、売れやすくなります。つまり、最高級品は売れなくても、それによって真ん中の商品がたくさん売れるというわけです。

この現象を理解し、私たち消費者は意識的な選択を心がける必要があります。「とりあえず『竹』を買っておけば無難だ」と思考停止するのはNGです。実際には高価な「松」や安価な「梅」が自分にとって最適な選択かもしれないので、それぞれ吟味しておくべきです。**我々の選択に大きく影響を与える代表性ヒューリスティックに気づき、その影響を受けすぎないようにすること**が、賢い消費者となるための第一歩と言えるでしょう。

代表性ヒューリスティック

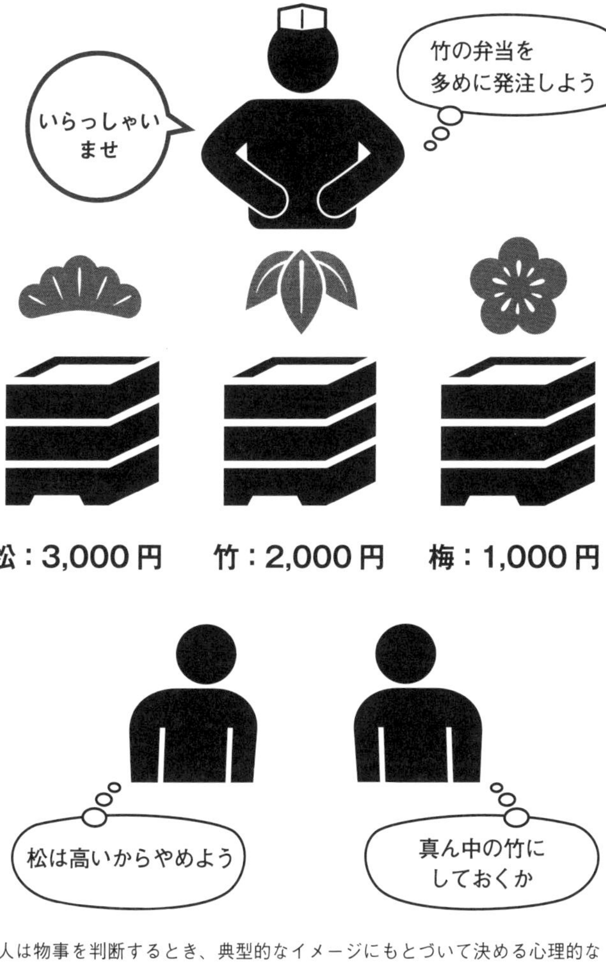

人は物事を判断するとき、典型的なイメージにもとづいて決める心理的な傾向があります。ちょうど良い値段の商品を典型的なものとして選択するため、松・竹・梅の３つの価格設定の商品があったら、真ん中の価格を最適なものとして選びやすいのです。

CHAPTER 2

46

KEY WORD

フット・イン・ザ・ドア
（段階的要請法）

無料で商品サンプルを配っている理由は？

小さなお願いを受け入れた後なら大きなお願いも受け入れやすくなる心理効果

店頭や街中で無料のサンプル品を受け取ったことはありませんか。そのとき、「無料ならもらおうかな」と感じて、心の扉が開くことがあります。この心理的作用を利用したのが**「フット・イン・ザ・ドア」**という社会心理学の原理です。スタンフォード大学のフリードマンとフレイザーによって発表され、日本語では**「段階的要請法」**と呼ばれています。この言葉は、文字通りに訳すと「ドアに足を踏み入れる」という意味ですが、**「小さなお願いを受け入れた後なら、大きなお願いも受け入れやすくなる」**という現象を指します。この原理は、人は一度協力的な態度を取ると、その後もその姿勢を維持したがるという心理に基づいています。

フット・イン・ザ・ドアの効果は販売戦略において重要です。例えば、新しい化粧品のサンプルを配布することで消費者に試してもらい、まず商品に関心を持ってもらうことを狙います。これにより、サンプルだけでなく本製品の購入にも結びつきやすくなります。

しかし、この効果を狙った戦略は慎重に行う必要があります。現代人はこういった手法に慣れていて、自分の意志で購入を決めたいという願望が強いからです。サンプルを配る行為が単なる販売圧力と受け取られては、逆効果になります。

フット・イン・ザ・ドア

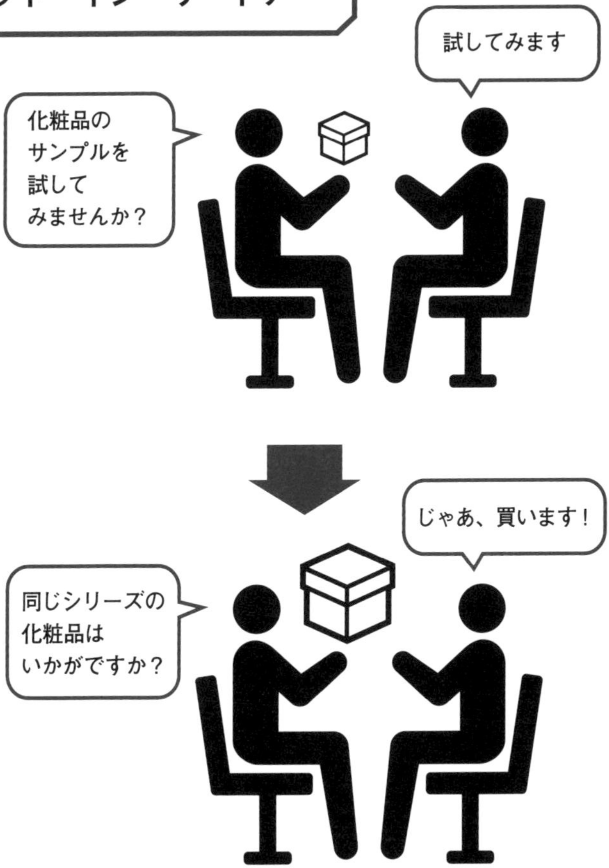

小さな要求から徐々に大きな要求へと移行する心理的な説得の方法です。化粧品のサンプルを勧められたら「無料だから使ってみよう」と思うし、一度使って悪くなかったら、お金を払ってその化粧品を買うという、段階的に商品に興味も持ってもらう心理テクニックです。

CHAPTER 2

47

営業成績をぐんと伸ばす手法がある？

KEY WORD

ドア・イン・ザ・フェイス

返報性

最初に過大な要求をした後
小さな要求でお得感を演出

営業の現場で必須の心理的なテクニックが**「ドア・イン・ザ・フェイス」**と呼ばれる手法です。この方法は、まず大きな要求を顧客に伝えて「ノー」と言わせ、その後に少し小さな要求をすることで、最終的にその要求を受け入れてもらうというものです。

このテクニックの背景には、**「返報性」**という社会心理学の原則があります。**人は何かを譲ってもらったり、妥協してもらったりすると、相手に対して何らかの形で恩返しをしたくなる**のです。例えば、旅行先で500円のものを300円におまけしてもらい買うことができたら、お得感を感じて、その店に好印象を抱くといったものです。

ドア・イン・ザ・フェイスを販売戦略に応用する際には慎重にしなければなりません。断られる前提だからといって最初の価格設定をあまりにも高くしてしまうと、不快感を与えかねません。「この会社、吹っかけてきたな。大丈夫かな？」と思われ、その後、安い金額を提示したとしてもうまく交渉が進まない可能性があります。

ドア・イン・ザ・フェイスは何かを売る際にとても有効な方法ではありますが、**誠実さを失わないように、金額の提示には絶妙なバランスを保つことが肝心**です。相手が感じるお得感を上手に演出することが、営業成績を伸ばすカギとなるでしょう。

ドア・イン・ザ・フェイス

最初に大きな要求をし、拒否された後に小さな要求をすることで、受け入れられやすくなる原理。返報性の原則に基づいています。

返報性

人には他人から無償で贈り物やサービスを受け取った際に、無意識に何らかの形で恩返しをしたくなる心理があります。

CHAPTER 2

48

一度購入を決めると特典がなくなってもキャンセルしにくい？

KEY WORD

ローボール

コミットメント

一貫性の原理

一度決めてしまうと条件を変えても同意したままになる

アメリカの著名な社会心理学者・チャルディーニが提唱する現象に**「ローボール」**という販売戦略があります。これは、**初めに魅力的な条件を出しておいて、コミットメントが得られた後で、ある特典を引っ込める**手法です。

例えば、新しい車を探していたＡさんは、特典やオプションを含めて価格に同意してある車の購入を決めました。顧客は、その車で休日に家族と楽しいバーベキューをする光景を思い描いています。ところが、契約書にサインする直前に、ディーラーが「申し訳ありません、バックモニターはオプションでした。２万円追加になります」と言ってきました。予算を超えてしまいますが、「しょうがないな」と思いながら契約書にサインをしてしまいました。

ローボール戦略の背後には**「コミットメント」と「一貫性の原理」**が働いています。人は一度決めたことに対して一貫性をもった行動をしようとする傾向があります。一度魅力的な条件でOKを出すと、コミットメントが生じ、条件が変わっても方針を変えずに買い物を進めてしまうわけです。つまり、初めに「打ちやすい球（野球のローボール）」、すなわち受け入れやすい条件を提示されてコミットしたら、その後で条件を変えられても同意したままなのです。このテクニックは**消費者にとっては警戒すべき点**です。契約前には全ての条件を再確認し、最初に惹かれた条件から逸脱していないか見極めなければなりません。ローボール戦略を知っていることは、不利な条件に巻き込まれず、賢い買い物をするための重要な一歩です。

ローボール

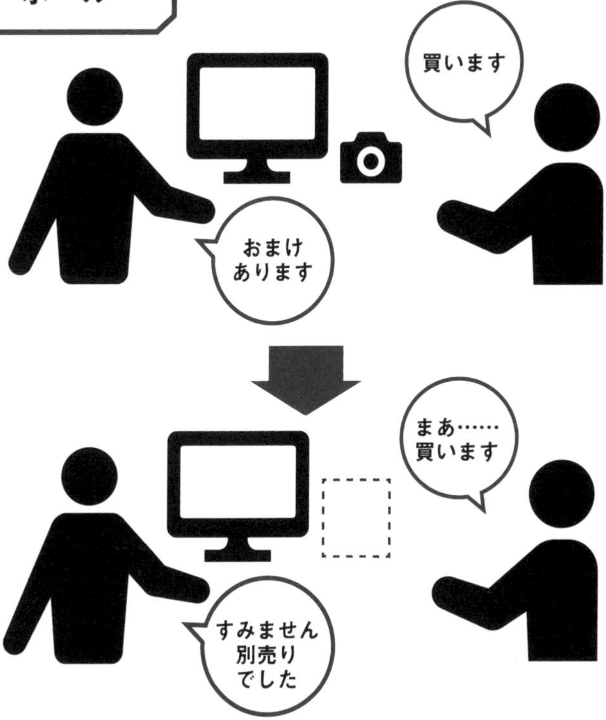

初めに魅力的な提案をして同意を得た後、条件を不利に変える手法です。ちなみにローボールとは相手が受け取りやすい球を指します。

「コミットメント」と「一貫性の原理」

一度コミットした決定や行動に対して責任を感じ、一貫性を保つ行動をする傾向を指します。これは、自己イメージと行動の調和を保つための心理的なメカニズムです。

CHAPTER 2

49

KEY WORD

両面的
コミュニケーション

一面的
コミュニケーション

デメリットも伝えることで信頼感が増す？

メリットだけだと不信感を抱かせることも

他人を説得したいとき、あなたならどのようにアピールしますか？　例えば、販売員が商品を売る場合、単に良い面だけをアピールする方法を**「一面的コミュニケーション」**といいます。しかし、ネットでリサーチするようになった賢い消費者は、「悪い面はないのだろうか？」と疑問を持つはずです。コードレス掃除機を例にすると、軽さや使いやすさを強調しても、バッテリー持続時間が短いかもしれません。その点にも触れなければ、消費者は不信感を抱くことでしょう。

この状況で役立つのが**「両面的コミュニケーション」**です。これは、商品の欠点を隠さずに正直に伝え、それに続けて強みを強調する方法です。例えば、「この掃除機はバッテリーの容量の関係で、３日に１回は充電が必要ですが、その分、強力な吸引力を実現できます。充電は掃除機を充電器に立てかけるだけで自動的に行われますので、お手間はかかりません」と、欠点を言いつつきちんとカバーするのです。

この手法は、**特に教養が高いとされる層に効果的**と言われています。欠点を認識した上でそれを受け入れられるかを自分で決めることが、購入者に納得感をもたらすからです。購入の提案をする際には、**相手の価値観を考慮した、適切なアプローチをすることが重要**です。相手との信頼関係を築くには、両面的コミュニケーションが効力を発揮します。そして最も大切なのは、相手のニーズや関心に耳を傾け、それに応じた情報を提供することでしょう。

2つのコミュニケーション

一面的コミュニケーション

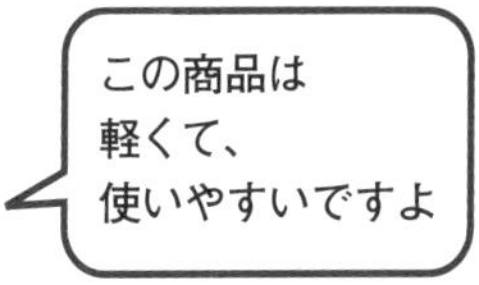

伝える側が完全にコントロールし、良い面のみを強調し、反論できないようにするコミュニケーションです。商品を販売するときにメリットだけを伝える方法です。

両面的コミュニケーション

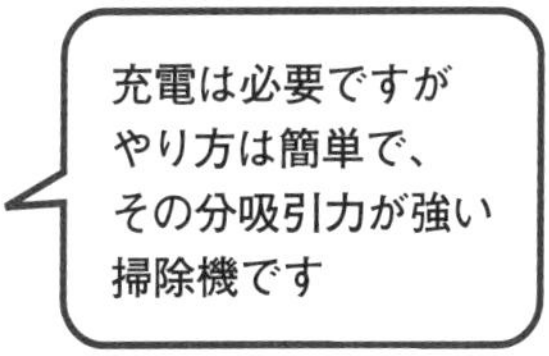

商品のメリットだけでなく欠点についてもきちんと伝えることで、相手に選択してもらえるようにする方法です。商品を買うときに自分で決めたいと考える教養の高い層に効果があります。

CHAPTER 2

50

KEY WORD

無意識

一番売りたい商品を手に取らせるには？

心理学的なメカニズムを理解すれば売上アップにつながる

私たちがコンビニで買い物をするとき、何を購入するかは自分で決めていると思っていませんか？　実は違います。商品の配置に大きく影響されているのです。例えば、**棚の左端には売れ筋商品が置かれる**ことがあります。左端は一番目に付きやすく、衝動買いをするなど、無意識の購買行動に大きく作用するとされています。人の目線は、自然と左側から物事を見る傾向があることが、この効果の背景にあります。視覚の流れを利用し、左端に目に付く商品を置くことで、購売をうながすのです。

他にも、コンビニに置かれている**商品の配置は、緻密に計画されています。**棚の真ん中の手に取りやすい位置には衝動買いをうながす商品が置かれています。また、ガムなどの小さな商品は、レジ周りに置かれ、レジでの待ち時間に、ついで買いをさせる工夫がなされています。一方、下段には緊急性の高い商品や、旅行者にとって必需品の替えの下着などが置かれています。これらの商品を必要とする人は、わざわざかがんで取る手間を惜しまないためです。

同時にコンビニ本社によってPOSシステム経由でリアルタイムの売れ行きデータが送られ、それによる棚割りがなされています。コンビニを含め**小売業に携わる人は、消費者の購買パターンを理解し、商品の配置に心理学的アプローチを取り入れる**ことをおすすめします。日常的に目にする商品の配置に潜む心理学的なメカニズムを理解することは、売上アップに直結します。

無意識

無意識の購買行動

多くの人が自然と左側から物事を見る傾向を利用して、左端に目立たせたい商品が置かれることがあります。

ゴールデンライン

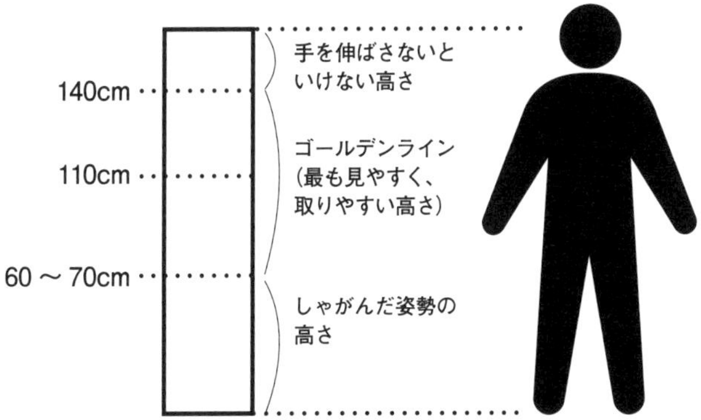

コンビニで商品が配置されている棚はすべて心理学的に顧客が「無意識に」購入しやすいように計算されています。人の目線の高さはゴールデンラインと呼ばれますが、ここに売れ筋の商品を置くのは商品配置の基本です。また、レジ脇にガムや飴といった手軽なものを配置することで購買をうながすように設計されているのです。

CHAPTER 2

51

KEY WORD

集団規範

職場に暗黙のルールがあるのはなぜ？

集団のなかではお互いに歩み寄ろうとする傾向があるから

職場には、明示されていないけど守られているルールがよくあります。これは**「暗黙のルール」**と呼ばれ、社会心理学では**「集団規範」**という言葉で説明されます。集団規範とは、そのグループ内で共有されている、言われなくても守るべき行動のルールのこと。この規範はグループの結束力を高める大事な役割を果たしています。例えば、制服などの服装規定がある職場ではそれに従うことで職員は一体感を感じます。このようなルールは、特に東アジアの国々でよく見られる傾向があります。これらの地域では社会全体が一体感を重んじる風潮があるからです。

しかし、職場の暗黙のルールには、「上司が帰るまで帰れない」「電話は３コール以内に出る」といった慣習による細かい部分もあります。これらは**時には効率や透明性を損ねることもある**ため、注意が必要です。例えば、ハンコの押し方や会議の席順などは、今の職場環境に合っているかは再考の余地があります。

職場内で規範を強化されると個人は集団に適合しようとする傾向があります。行動に類似性が生まれ、チームらしさが出てくるともいわれています。ただし、**集団規範が肯定的な側面も持つ一方で、創造性や個性を抑圧する側面がある**のも事実です。集団規範に縛られ過ぎず、必要な結束力は保ちつつ、より柔軟で開かれた職場環境を目指すべきです。古い規範に囚われず、時にはそれを疑問視し改善することで､働きやすい職場を作り出すことができます。

集団規範

集団模範の形成実験

被験者 A　被験者 B　被験者 C

闇のなかで静止している光点を見つめると、それが動いて見えるという自然運動現象を利用したM・シェリフが行った実験です。被験者は暗室のなかに1人で入れられ、約2秒間、光の点が何インチ動いたかを報告します。

被験者 A 被験者 B 被験者 C

1人ずつ実験した場合は、バラバラなのに、3人同時に行うと、実験を重ねるうち、次第に全員の答えが近づいていく結果になりました。

集団規範の例

・規則として成文化されたもの
　校則、法律、社内ルールなど

・暗黙のルールあるいは判断基準
　会議の席順、ハンコの押し方など

CHAPTER 2

52

KEY WORD

社会的手抜き

フリーライダー

メンバー内のやる気のない人を減らすには？

個人の貢献を可視化し適正な評価をする環境を作るのが効果的

組織のなかでやる気を引き出すためには、**「社会的手抜き」**の問題を理解し、解決策を見つけることが大切です。社会的手抜きとは、チームでの仕事において、**「他のメンバーが働いているから自分は適当にやっておけばいいや」**と考える心理的傾向のことです。この概念は、社会心理学者のラタネが実験を通じて**「ソーシャルインパクトセオリー」**として定義しました。彼の実験では、多くの人が力を合わせると、個々の貢献が見えなくなり、結果として**責任の感覚が薄れてしまう**ことが示されました。

社会的手抜きと同じもので、**「フリーライダー」**という概念もあります。チームが困難に直面したり、他のメンバーが頑張っているのに**自分だけは楽をしようとする人**のことです。防ぐには、個々の貢献と責任を明確にすることです。チームでの成果だけでなく、頑張っている個人の貢献を可視化し、適正に評価することで社会的手抜きを防ぎ、フリーライダーを減らせます。

現代では、個人の貢献度が組織の成果により直結するようになり、「全方位評価」といった手法を取り入れ、一人ひとりの貢献を客観的に見る動きが増えています。この考え方は、欧米の企業で長らく行われてきた個人主義的な評価システムに近づいてきていると言えるでしょう。**個人のパフォーマンスをしっかり評価する**ことで社会的手抜きを防ぎ、努力している人々を公正に評価する環境を作ることでいきいきと働ける職場を実現できるのです。

社会的手抜き

集団の中で周りのメンバーが一生懸命やっているから自分は手を抜こうとする傾向です。メンバーが大勢いると、一人ひとりのメンバーの貢献度が見えなくなってしまって責任感が希薄になるのが原因です。

全方位評価

多角的視点からのフィードバックを活用し、個人の業績や行動を評価する手法です。上司、同僚、部下など、さまざまな立場の人々からの評価を集め、360度の角度から個人の強みや改善点を把握します。

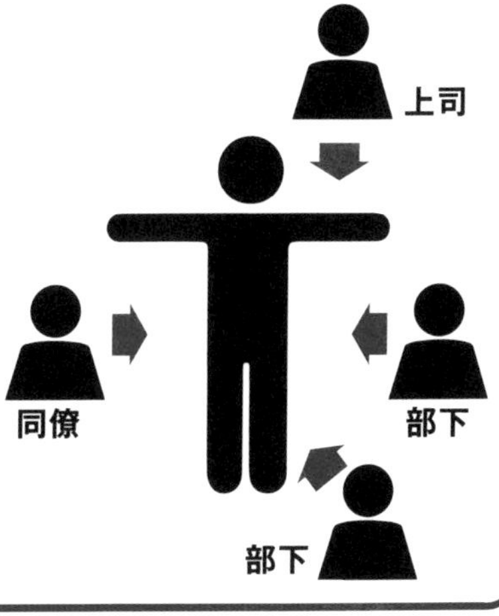

CHAPTER 2

53

KEY WORD

泥棒洞窟実験

集団的葛藤

共通の目標を持つと対立する集団でも協力するのはなぜ？

乗り越えなくてはいけない困難に直面することで争いを超えて協力をするから

私たちの周りには、対立する集団同士が協力する素晴らしい例が存在します。そんなケースを説明するのに役立つのは、**「泥棒洞窟実験」**として知られる社会心理学の実験です。これは、集団間での葛藤をどのように解決できるかを探ったものです。この実験は、アメリカの小学生の夏のキャンプで行われました。最初に子どもたちは互いに知らない状態で活動をし、一週間で絆を深めます。しかし次の週、別の同じようなグループが加わります。すると、グループ同士でいざこざが起きて対立が生じます。この状況下で、研究者たちは**「上位目標」**を提示します。これは、両グループの協力が不可欠な目標です。例えば、壊れた貯水タンクの修理や、食料を運んでいるトラックが脱輪したときの対応などです。水や食べ物がないことは両方のグループにとって死活問題。この困難に直面することで、子どもたちは争いを超えて協力を始め、最終的には友情を育むに至りました。

この「泥棒洞窟実験」のポイントは、単に共有体験をするだけでは対立解消には不十分であるということです。映画鑑賞や共同の食事会では、対立が続くことが示されました。しかし、全員の力が必要な「上位目標」の存在が、集団間の壁を乗り越えるカギとなったのです。社会心理学的な視点から見ると、この実験は**「共通の困難な課題を設定することで、集団間の壁を乗り越えられる」という教訓**を与えてくれます。対立する集団間での協力を促進するためには、共通の目標を見つけ、それに向かって努力する必要があるでしょう。

泥棒洞窟実験

❶夏のキャンプで共同生活スタート

最初はお互いを知らない状態で活動し、一週間で絆を深めます。

❷もうひとつのグループが加わる

次の週、同じようなグループが近くでキャンプしていることを知らされ、そのグループも加わり共同生活をします。

❸対立が生じる

すると、グループ同士でケンカが起きたり、いざこざが起こり対立します。

❹上位目標を提示する

壊れた貯水タンクの修理など、両グループの協力が不可欠な目標を与えられます。共通の目標を通して、両グループは協力をはじめ、最終的には友情が芽生えました。

CHAPTER 2

54

KEY WORD

ソシオメトリー

ネットワーク分析

より良い集団を作るには？

個々人が他者を尊重し受け入れることが重要

社会のなかで人々は常に影響を与えあっています。学校や職場では、「誰と一緒にいたいか」という選択が集団の雰囲気を作ります。これを可視化し分析する技法が**「ソシオメトリー」**です。ソシオメトリーは精神分析家のヤコブ・モレノが構築した技法で、人々の好みや社会的選択を推測することで、集団内の関係性を明らかにする方法です。例えば、ある生徒がクラスで人気があるか、または孤立しているかを示すことができます。

この技法は、**「ネットワーク分析」**とも関連しています。ネットワーク分析では、人々の関係性を矢印で表し、相互作用のパターンを調べます。これはソーシャルメディアの時代になってさらに重要性を増しています。たとえば、Facebook や X（旧 Twitter）で誰が誰をフォローし、どの投稿に「いいね」をするかを分析することで、現実世界の人間関係の洞察を得ることが可能です。

しかし、ソシオメトリーには倫理的な懸念もあります。かつては学生に「一緒のグループになりたい人」と「なりたくない人」を選ばせることもありましたが、これは孤立した生徒にとって辛い経験になり得るため、現在では教育現場での使用は控えられています。私たちが**より良い集団を作るには、個々人が他者を尊重し、受け入れることの重要性を理解することが大切です。**ネットワーク分析を活用して、集団内の関係性を客観的に理解し、必要に応じて介入することも有効です。例えば、孤立している人がいれば、彼らが他のメンバーと繋がれるようにサポートすることが重要です。

ソシオメトリー

社会的関係の構造や個人間の相互作用を測定・分析する心理学の一分野。ソシオメトリーによって、学校や職場内でのメンバー間の結びつきや動態が明らかになります。

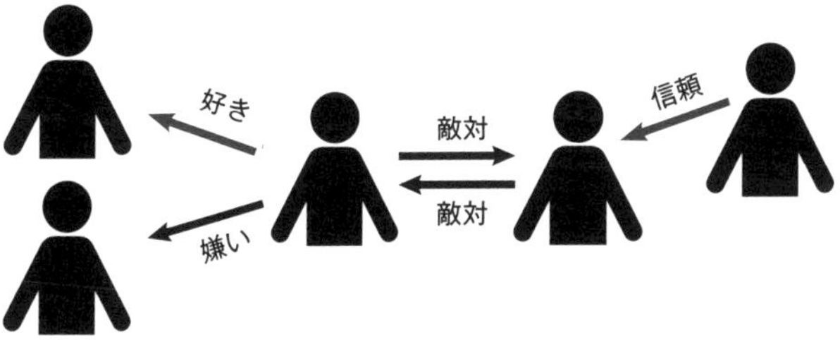

ネットワーク分析

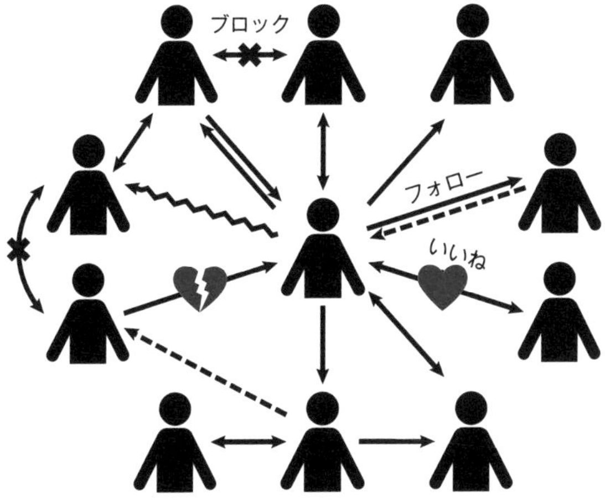

関係性を矢印で表現することで個人間の関係や影響のパターンを明らかにし、集団内の力学を理解するための重要な手段です。

CHAPTER 2

55

KEY WORD

社会的交換理論

同僚や他部署とより良い関係を築くには？

お互いにメリットを享受できる関係構築がカギになる

私たちは、家庭や職場だけでなく趣味のグループやSNSでの交流など複数の集団に居場所を持っています。さまざまな集まりに参加することで、人と人との架け橋的な存在になり得ます。例えば、仕事上で考えれば、以前に配属されていた企画課と今いる営業部のつながりを持つことで、お互いの仕事をスムーズにすることが可能になります。

この背景には、**「社会的交換理論」**という考え方があります。社会的交換とは、**人々が関係を築く過程でコストと利益を考慮に入れ、相互にメリットがある交換を行う**ことです。この理論は、社会学や心理学で人間関係の本質を探るなかで生まれ、特にアメリカ社会において顕著に見られます。日本企業では、社員はジェネラリストとしてさまざまな部署を経験することで、他部署との連携が取りやすくなるという利点がありました。つまり、同一企業内では相手に何かを提供することで、何かを得るという明確なメリットが少ないのです。社会的交換理論が応用できるのは、例えば、生命保険の営業マンが医師に顧客を紹介してもらう代わりに、医師に役立つ情報を提供するといった場面です。この相互作用は、お互いにプラスになります。社会的交換理論で大事なのは、相手にどのような価値を提供できるのか、また、その対価として何を期待するのかをはっきりさせることです。この理論を実践するには、**メリットを享受し合える関係構築を、同僚や他部署との間で築けるかがカギ**となるでしょう。

社会的交換理論

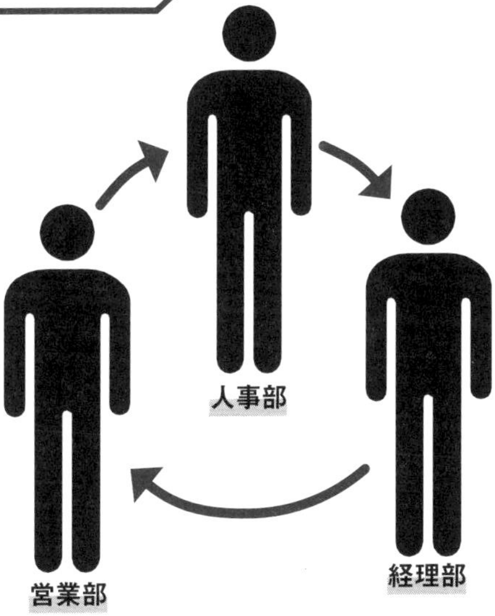

人間関係や行動がコストと報酬のバランスに基づいていると考える理論です。

一方、日本のようにどんな仕事もこなすジェネラリストを養成する企業文化では、交換するものが曖昧になりがちなので、社会交換理論は応用しにくい傾向があります。

CHAPTER 2

56

KEY WORD

リーダーシップ

PM 理論

リーダー育成に必要な要素は？

仕事の成果だけでなく人間関係の質も重要

リーダーを育てる上で、社会心理学の観点から見て重要なのは、リーダーシップと PM 理論の理解です。リーダーシップとは、人々を導き、動機づけ、方向性を示す能力のこと。特にリーダーシップのひとつの形として**「PM 理論」**があります。心理学者の三隅二不二氏が提唱したこの理論は、**P ＝パフォーマンス（仕事の成果）と M ＝メンテナンス（人間関係の質）のバランスをとることで高い生産性を実現しようとする考え方**です。

例えば、仕事の成果を出すためには、チームメンバーへの激励が必要です。しかし、仕事だけに注力してしまうと、職場の人間関係が犠牲になりかねません。そこで大切になってくるのが、職場の雰囲気や人間関係の質を保つメンテナンス機能です。仕事のパフォーマンスと人間関係のメンテナンス、両方に目を向けることでバランスの取れたリーダーシップを目指します。

現代のリーダーシップは、さらにその枠を超え、「心理的安全性」という概念が必要になりつつあります。PM 理論は、昔のように「俺についてこい」といったパワハラまがいの強引なリーダーシップを発揮する時代は終わり、倫理性が求められている今日において、一層重要な意味を持ちます。

リーダーを育てるという視点では、**PM 理論を理解し、心理的安全性を重視することが不可欠**です。リーダーとしての資質は、時代と共に変化し、絶えずアップデートされていくべきものなのです。

リーダーシップ

本来、リーダーシップは方向性を明確にして、モチベーションを高めて人を導く能力を指します。最近では心理的な安全性も確保して、安心して行動できる環境を提供することも含まれるようになりました。

PM理論

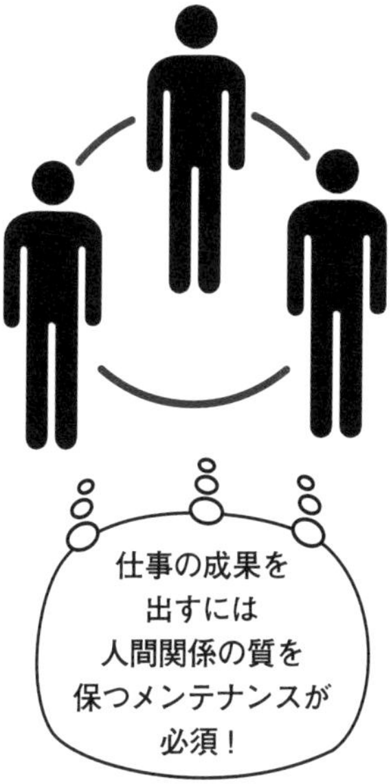

チームメンバーを激励するだけでなく、職場の人間関係の維持についても配慮することで生産性を高める理論です。

CHAPTER 2

57

KEY WORD

ホーソン実験

心理的安全性

生産性を上げるにはどんなリーダーが求められる？

心理的安全性に配慮したリーダーが求められている

最近の職場では、生産性とチームワークが強く結びつき、とりわけ**「心理的安全性」**を基盤にした関係構築が重要視されています。心理的安全性とは、個人がリスクを負っても、チーム内で否定されたり罰せられることなく、開かれた意見交換ができる状態を指します。これが確保されることで、メンバーは新たなアイデアを提案しやすくなり、生産性は自然と向上します。

この概念は、1920年代に行われた**「ホーソン実験」**の教訓にも通じます。この実験は1924年から1932年にかけて生産性向上の要因を調査するためにアメリカのウェスタン・エレクトリック社のホーソン工場で実施されました。この実験では労働者がただ単に管理者によって監視されているだけで生産性が向上することが示されました。しかし、今日では監視だけではなく、労働者の心理的な状態が生産性に密接に関わっていることが明らかになっています。

現代の職場において、優れたリーダーシップは単にチームを追い立てることではありません。上司には、メンバーが心理的安全性を感じられるよう配慮する繊細さを持つことが求められます。**「この人のもとでなら気持ちよく安心して働ける」とメンバーが感じる**ことで、結果として生産性が向上するのです。

したがって、上司に注目され、期待に応えたいというホーソン効果に加えて、心理的安全性の確保がいかに重要かを理解し、それを職場環境に取り入れることがより重要になってきています。**パワハラのない、モチベーション高く働ける環境を作る**ことが、現代の生産性向上へのカギとなるでしょう。

ホーソン実験

「明るい照明で生産性がアップする」という仮説のもとに実験。照明の明るさと生産性の間には相関性が見られなかった。

↓

「労働条件や労働環境で生産性がアップする」という仮説のもと、5名の作業員を隔離して「継電器組立作業実験」が行われた。

↓

監督が面談で要望を聞き、労働条件や環境を徐々に改善した結果、生産性が向上した。

↓

特別な実験に参加しているという自負から、期待に応えたいという意識が芽生え、好結果に繋がったと考えられる。

↓

2つの実験結果から、「面接実験」を行い、労働意欲は、家庭生活や社会生活、職場の人間関係にどれくらい満足しているかによって左右されることがわかった。

↓

続けて、14人の作業集団を観察する「バンク巻き取り観察実験」で、自然発生的に生まれた非公式な集団や規範の方が、生産性に影響を与えることがわかった。

実験結果

生産性の向上には、労働条件よりも、人間関係の方が重要ということがわかった。

CHAPTER 2

58

KEY WORD

変革型リーダーシップ

動機の鼓舞

部下にやる気を出させ仕事への満足感を持たせる方法は？

仕事が自己実現の場になると成果につながっていく

現代の企業は、リーダーが部下にただ指示するだけでは回りません。**変革型リーダーシップ**といって、部下自身が**「なぜこの仕事をするのか」という疑問に答えられるよう導くことが必要です。**部下は自分自身のアイデンティティを仕事に反映させ、その結果、仕事に対する深い理解とコミットメントが生まれます。これは、個人の内なる動機を呼び覚ますことで、自発的なモチベーションが高まり、部下が「この仕事は自分にとって意味がある」と感じてより高い生産性と満足感を実現するという社会心理学の理論に基づいています。これを**「動機の鼓舞」**といいます。

例えば、企画の段階から部下が積極的に意見を出し、その意見が採用されると、彼らのモチベーションは大きく向上するでしょう。自らの意見がプロジェクトに反映されることで、その仕事に対するやる気は俄然上がります。動機の鼓舞を実践するには、**リーダーは部下の意見を積極的に取り入れ、彼らが自分たちの役割に意義を見出せる環境を整える必要があります。**自らの仕事に満足感を持ち、やる気を感じさせることが成果につながります。

変革型リーダーシップを成功させるためには、リーダー自身が部下の動機を鼓舞することを深く理解し、**部下それぞれのやりたいことや理想を仕事にマッチさせる**こと。結果的に部下にとって仕事が自己実現の場となり、プロジェクトはさらに生産的になります。このアプローチは、個々のモチベーションを最大化することで、組織全体の強化を可能にするでしょう。

変革型リーダーシップ

社員が仕事をする理由を深く理解し、自身のアイデンティティを反映させて仕事に取り組めるように導くことです。

動機の鼓舞

社員が自分にとってこの仕事は意味があると理解することで、モチベーションは保たれて高い生産性と満足感を味わえるようになります。動機づけには内発的動機づけと外発的動機づけの２種類があります。

・内発的動機づけ

仕事自体が楽しいと感じたり、仕事を通して成長を実感するなど、内発的動機づけがあると、モチベーションを持続しやすくなります。

・外発的動機づけ

お金のためや、地位や名誉、他者からの評価を落としたくないといった外発的動機づけではモチベーションは持続しにくくなります。

CHAPTER 2

59

KEY WORD

内発的動機づけ

外発的動機づけ

社員のモチベーションをアップするにはどうしたらいい？

「内発的動機づけ」と「外発的動機づけ」をうまく使い分けることが大切

前項でも触れましたが、やる気を出すための動機づけには、**「内発的動機づけ」と「外発的動機づけ」**があります。外発的動機づけとは、子どもに勉強をさせるのに「良い点を取ったらゲームを買ってあげる」と報酬を与えたり、「悪い点を取ったら外出禁止」と罰を与える方法で行われる動機づけです。これは持続的に勉強が好きになる効果を生まないので、望ましいとは言えません。

もう一方の内発的動機づけは、何か物事に取り組む際、自分のなかで理由を見出して遂行する原動力になります。勉強を例にすると、「勉強すると新しい知識が身について楽しい」と自発的に勉強を継続していけます。

とはいえ、自分が望み進んだ道であっても、長く続けていると気持ちが萎え、持続する力が低下するときがあります。そうすると、「もう少し頑張ればボーナスがもらえる」などと外発的動機づけが継続のためのエネルギーとなりがちです。しかし、給料や報酬など外発的動機づけの追求に偏った活動を継続していると、本来の充実感や心理的健康を得られにくくなってきます。

ブラック企業では、内発的動機づけを強要することがあります。上司が、「自分たちの仕事はとてもやりがいがあるものだ」と洗脳して、長時間労働に導くのです。これは**「やりがい搾取」**などとも呼ばれます。**内発的動機づけはあくまでその人の中から生まれてくるもの**なので、周囲が操作して高める動機づけは内発的動機づけとは呼べません。

内発的動機づけ・外発的動機づけ

内発的動機づけ

興味や達成感、充実感など自分の内側から出る要素でやる気が引き出されることです。

外発的動機づけ

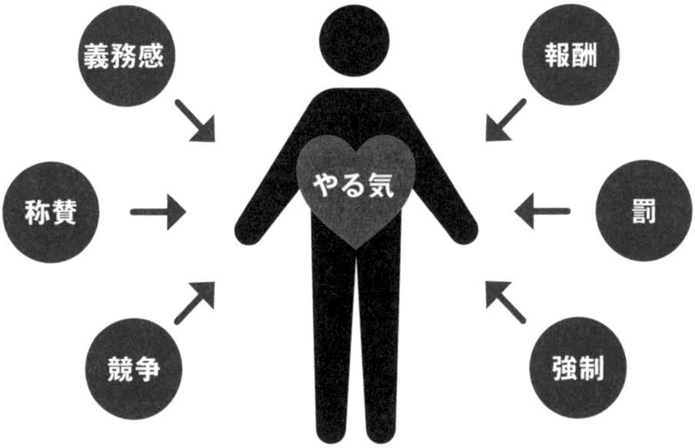

報酬や称賛、また罰や義務感など自分の外側からの要素でやる気が引き出されることです。

CHAPTER 2

60

KEY WORD

自己効力感

促進焦点

防止焦点

「部下はほめて伸ばすといい」のはなぜ？

失敗を恐れず目標に向かって積極的に動くようになるから

よく「部下はほめて伸ばす」と言いますが、その裏には、**「自己効力感」**が関係しています。自己効力感とは**「自分にはできる」という信念**です。もし自分ができると思わなければ、挑戦さえする気になれません。ですから、成功体験を重ね、ほめられることは、勉強でも仕事でも大変重要です。

さらに**「促進焦点」と「防止焦点」**という社会心理学の概念を導入すると、話は深まります。促進焦点は簡単にいえば、成功を目指し、目標に向かって積極的に動くことです。防止焦点は、失敗や問題を回避しようとする防衛的な動機づけです。例えば、促進焦点で行動する人は、「新しいアイデアをどんどん提案しよう」と前向きに取り組みます。対照的に、防止焦点を持つ人は、「間違いを犯さないように慎重に行動しよう」と注意深くなります。

日本企業は伝統的に防止焦点的な傾向が強く、失敗を避ける文化が根強いと言われています。これは工業製品などの精密さが求められる分野では有効ですが、情報社会のイノベーションには不向きです。新しい機器やアプリを素早くリリースして、その後、試行錯誤しながら改善する促進焦点的アプローチが求められるからです。**部下の能力を伸ばす上で重要なのは、促進焦点を意識したほめ方をする**ことです。具体的な改善点や成長の可能性を指摘し、チャレンジをうながすフィードバックが効果的です。部下が失敗を恐れず、果敢に挑戦するには、成功体験の積み重ねが大切なのです。

自己効力感

「自分には必ずできる」という信念のことを自己効力感といいます。何かに挑戦するときに必要です。自分にできることを見つけて褒められることで自己効力感は育まれます。

促進焦点と防止焦点

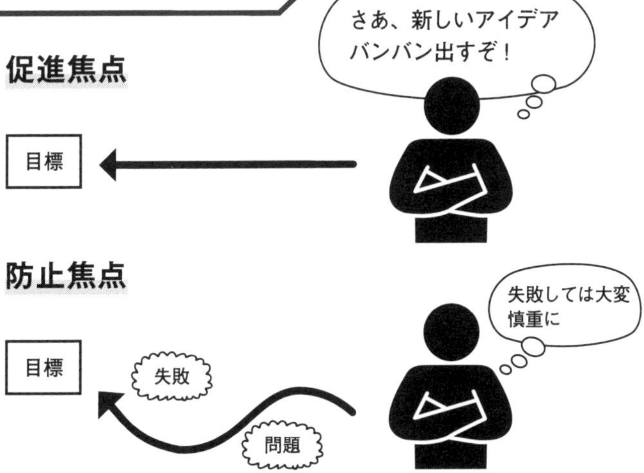

促進焦点は目標に向かって邁進し、防止焦点は失敗や問題を避けて通る概念です。日本人は失敗しないようにする傾向があるので防止焦点的な国民性といえるでしょう。しかし、自己効力感を高めるには促進焦点の考え方が必要です。

CHAPTER 2

61

KEY WORD

理由アタッチメント

人にお願いをして通りやすくする方法は？

日本の場合は丁寧にお願いすると依頼が通りやすい

人に何かをお願いするとき、ちょっとした工夫で通りやすくなる方法があります。それは、大した意味がなくても、何かしら理由を先につけてからお願いをすることです。これはアメリカの心理学者、ロバート・チャルディーニが**「理由アタッチメント」**という言葉で説明しています。

例えば、コピーをしている人に対して、いきなり「先にコピーさせてください」というと、たいてい断られてしまいますが、「急いでいるので、先にコピーさせてください」と、**理由を付けてお願いすると承諾率が上がります。**

英語の場合、「Because」という言葉を、頭につけて言いますが、アメリカ人の場合、人から「Because」と言われると、「ああそうか」と思い自動的に承諾してしまう文化的傾向があります。

日本の場合は、依頼を通そうと思ったら、理由付けよりも丁寧さが重要になってきます。いきなり割り込んできて「先にコピーさせてください」というのは、そもそも無礼な行為です。

偉そうに依頼すると相手に不快感をもたらし、依頼の承諾率を下げてしまいます。日本人の場合は、「すみません。大変恐縮なのですが、先にコピーさせていただけませんか」とお願いすると、アメリカで「急いでいるので、先にコピーさせてください」とお願いするのと同程度の承諾率になります。仕事を依頼する場合も、**丁寧に、理由をつけることを意識する**とうまくいくでしょう。

理由アタッチメント

いきなり、コピーさせてとお願いされても、たいてい断られてしまいます。

アメリカ

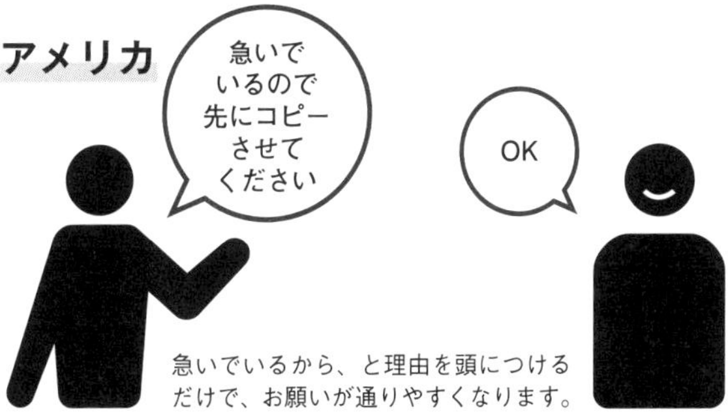

急いでいるから、と理由を頭につけるだけで、お願いが通りやすくなります。

日本

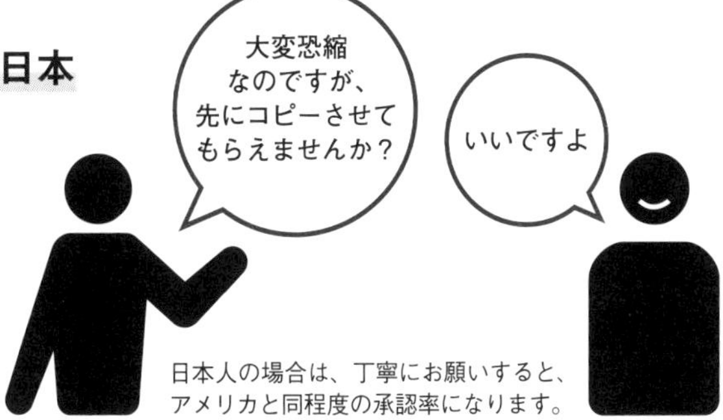

日本人の場合は、丁寧にお願いすると、アメリカと同程度の承認率になります。

CHAPTER 2

62

KEY WORD

少数者の影響過程

少数派が多数派に対して意見を通すには？

一貫した主張を続けると徐々に同意を得ることができる

集団のなかでは、多くの場合多数派の意見が通ります。しかし、本当に数が力なのでしょうか。社会心理学では、**「少数者の影響過程」**という概念があります。これは、少数の人々も、その意見が一貫しており、根拠に基づいていれば、多数派に大きな影響を与える力を持っているというものです。

例えば、グループ内で７人中６人が一致した意見を持つ実験では、同調圧力（P.14 参照）が生まれます。ですが、たとえ１人や２人という少数の主張であっても、その主張を一貫して続ければ、**「もしかしたら彼らの方が正しいかもしれない」と他の人の考えに影響を及ぼすことができる**のです。これは、**社会変革や革命にも見られるパターン**で、初めは少数だった支持者が、徐々に多くの同意を得て、その思想や主張が広まっていきます。このプロセスは、一貫性と理論に裏打ちされた主張の強さにより促進されます。理由が明快で、納得のいく主張を維持することで、**少数派は多数派の意見を変える可能性を高める**のです。この理論を発展させた心理学者のネメスの研究によると、少数派が多数派に影響を与えるには、論点や主張を一貫させる以外にも条件があります。それは、**多数派との共通点を見出し、内集団と認識してもらうこと**です。少数派が多数派から部外者だとみなされたままでは、耳を貸してもらえないため、問題となっている意見以外では共通点があることが大事なのです。少数者がもたらす影響の過程は、社会の多様性と革新の源泉と言えるのかもしれません。

少数者の影響過程

ブルー／グリーン・パラダイム実験

S・モスコヴィッチが行った実験を紹介します。6人の被験者に明るさの異なる青色の 36 枚のスライドを見せ、それぞれの色を答えさせます。ただし､この中には 2 人の実験協力者（サクラ）が含まれており、彼らはスライドを「緑」と答えるように指示されていました。

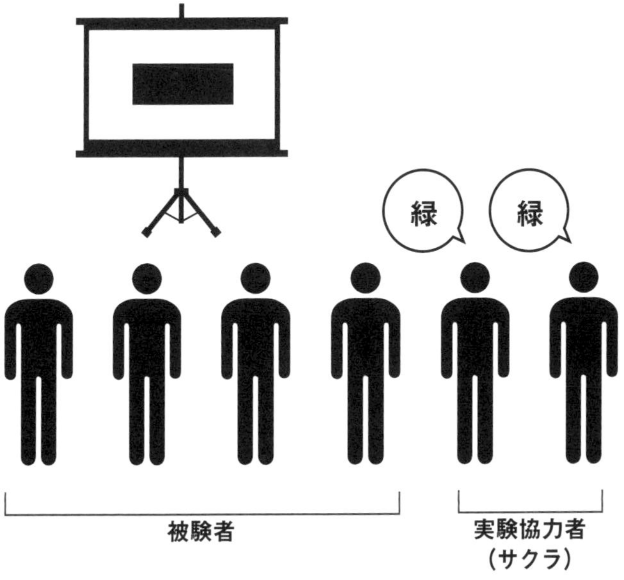

実験結果

実験の結果、サクラが一貫して「緑」と答えると、他の参加者もスライドを緑と回答する傾向が強まりました。この実験は人々が社会的な圧力や他者の意見に影響されて、自分も意見が変わることがあることを示唆しています。

COLUMN 2

「悪魔の代弁者」は集団的浅慮から集団を救う

会社の会議などで、参加者がみんな同じ意見にすぐに同調してしまうことがあります。実はこの状況は危険です。P.92 や P.94 でも解説した「集団的浅慮」という現象に陥っているからです。特に反対意見もなく、「みんなと同じ意見だからこれでいいや」という合意で形成された意見は意味がありません。そんなときに重要になるのが、「悪魔の代弁者」です。

「悪魔の代弁者」は多数派の意見に対して、あえて反対意見を言う存在のことを指します。この役割は、ただの反対意見を言うだけではありません。目的はグループがひとつの考えに固執するのを防ぎ、より幅広い視点から物事を見るようにうながすこと。これによって、自分たちの思い込みや信念だけを追い求める確証バイアス（P.26 参照）から脱却できる効果があります。悪魔の代弁者が反対の意見を言うことで、「そんな極端な意見でも言ってもいいんだ」という認識が生まれ、自由に意見を言える雰囲気が生まれます。

ただ、この役割を果たすのは簡単ではありません。あまりに否定的な意見を強く言い過ぎると意見が分かれてしまって、チームワークや効率が損なわれることもあるので要注意です。適切に悪魔の代弁者を実践すれば、チームはこれまでになかった革新的なアイデアを出し合えるようになります。重要なのは、多数派に対して反対意見を述べることで、普段はなかなか声を上げにくい人も自由に意見を表明できるようにすることです。

CHAPTER 3

自分を知るための心理学

CHAPTER 3

63

KEY WORD

アイデンティティ
（自我同一性）

アイデンティティとは？

かつては「一貫した自分」のことを指したが、現代では多面化している

「自分は何者なんだろう？」と疑問に思ったことが誰しもあると思います。哲学的な問いでなくても、コロナ禍で多様な働き方ができるようになった現代において、この問いに直面した人も多いと思います。自分は自分であるという感覚は、**「アイデンティティ」**という概念です。提唱した米国の心理学者エリクソンの理論に基づくと、アイデンティティが形成されている状態とは、「自分は何者であるか」という問いに対して、「自分はこのような人間であって、このような人生の道筋を歩んできた」ということが自分でも確認・承認・実感できている状態を示します。また、**アイデンティティを形成する大きな要素として職業やライフスタイルなどを挙げることができます。**

しかし、エリクソンがアイデンティティを提唱した当時は、「いつどこにいても、自分はこういう存在だ」と一貫性のある状態を示す意味合いが強かったのですが、現代においては、この定義は当てはまらなくなっています。現代において社会生活は複雑化しており、「趣味の場にいる自分」「職場にいる自分」「家庭にいる自分」が別個なものとなっているからです。「ワークライフバランス」という言葉が示すように家庭も仕事も重要だという考え方が強い現代では、二面性、つまり**「家庭人としての私」と「職業人としての私」が別となり、「どこでも一貫して同じ自分」というものが成り立たなくなっています。**現代の社会概念として適用するならば、二面性もアイデンティティの一部として包含する必要があり、これは「柔軟なアイデンティティ」と呼ばれています。

アイデンティティ

従来のアイデンティティ

従来のアイデンティティは、「自分はこういう存在だ」と一貫性のある状態を示す意味合いが強い概念でした。

現代のアイデンティティ

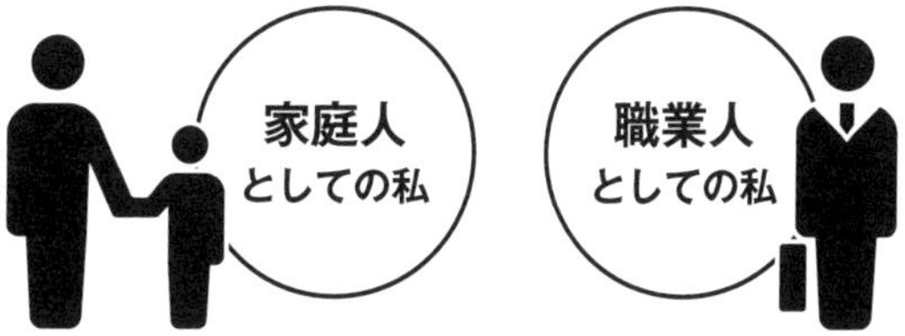

アイデンティティの確立、すなわち「自分が何者であるか」ということを確認・実感しようとするとき、自分はどこに帰属しているかという点が重要になってきています。つまり、どんな人種でどんな職業についているかなどの検証を踏まえ自己のアイデンティティを導き出す必要があります。最近の傾向として、このアイデンティティの根拠には多様性があってよいといった考え方が強くなっています。

CHAPTER 3

64

KEY WORD
アイデンティティの拡散

アイデンティティが定まらないとどうなるの？

混乱や矛盾が生じ自分が何者かわからなくなる

人は生きているうちに、自分が何者であるかわからなくなることがあります。例えば、10代の若い頃には、思春期にそのような悩みを多くの人がもっていたでしょう。この状態を**「アイデンティティの拡散」**と呼びます。アイデンティティの拡散には、**「時間拡散」や「同一性意識」、「両性的拡散」**など、さまざまな形があります。

時間拡散は、時間に対する信頼が持てず、未来への希望を失う状態です。一方で、同一性意識は自分に自信を持てず、自意識過剰になることを指します。また、最近ではジェンダーアイデンティティについて関心が高まっています。「男であること」「女であること」に対する混乱や、自己と社会的な性別の役割との間での矛盾を感じることは、アイデンティティの拡散の一形態と言えます。

こうしたアイデンティティの問題は、**「労働マヒ」や「権威の拡散」、「理想の拡散」**といった他の形態にも影響を及ぼします。労働マヒは、仕事や勉強への意欲が失われ、無力感に囚われる状態です。引きこもりだけでなくセルフネグレクト（自己放任）といった状態です。権威の拡散は、権威や権力に盲従する、あるいは組織に所属することを恐れ、意欲を失った状態です。理想の拡散では、人生の指針となる理想像や価値観が失われます。

アイデンティティの拡散

主な種類

❶ 時間拡散

主に将来への展望について希望を失っている

❷ 同一性意識

自意識過剰。自分に対して自信が持てない

❸ 否定的アイデンティティの選択

社会的に望ましくない価値観と同一化し、
その中に自己を見出そうとする

❹ 労働マヒ

仕事や勉強に対する意欲がなくなり、
無力感にとらわれる

❺ 両性的拡散

「男であること」「女であること」に対する混乱

❻ 権威の拡散

対人関係において、適切な主従の役割がとれない

❼ 理想の拡散

人生のよりどころとなる理想像や価値観が失われている

CHAPTER 3

65

男性脳、女性脳には根拠があるの？

KEY WORD

社会的性差（ジェンダー）

生物学的性別（セックス）

社会において男性と女性の区別はなくなっていく

男女間で身体の作りに違いがあることは自明の理です。これは生まれついての**「生物学的性別（セックス）」**といいます。

その一方で、社会通念や文化によって作り上げられた男性像、女性像のことを**「社会的性差（ジェンダー）」**といいます。世間では「男性脳」「女性脳」という言い方をすることがありますが、このような識別の仕方についてはまったく科学的根拠がありません。「女性は理系に向いていない」「男女で得意分野は違う」といった見解にも科学的根拠はありません。どんな研究でも、結果として明確なのは、**男女差よりも個人差の方が大きい**ということです。

個人差を考慮せず、男女差についての発言をしてしまうと恥をかいてしまうこともあるでしょう。個人が十分に活躍できる社会に向け、性差よりも個人差に目が向けられてきています。こうした社会風潮は学校教育にも反映されています。たとえば埼玉県の中学校は全校が男女混合名簿になりました。また、全国的に見て名前を呼ぶ際、男子も女子も「さん」づけをするように奨励するなど、ジェンダー教育を重視した取り組みが行われています。

しかし、男女格差を測るジェンダー・キャップ指数（2023年）では、日本は146ヶ国中125位であるという結果が出ています。また、世界では初等教育を受けられない女の子の数が男の子の3倍という調査結果があるなど、ジェンダーを巡るさまざまな問題が存在しています。

社会的性差（ジェンダー）

ジェンダーの様々な問題

例：初等教育を受けられない女の子の数

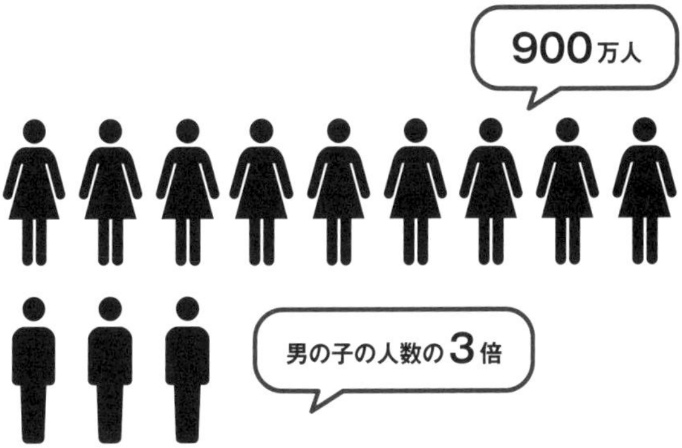

（参照：ユネスコ統計研究所調査レポートより）

各国における男女格差を測るジェンダー・ギャップ指数
(Gender Gap Index：GGI)

世界経済フォーラム（World Economic Forum：WEF） が2023年6月21日に公表した「Global Gender Gap Report 2023」の中で、各国における男女格差を測るジェンダー・ギャップ指数（Gender Gap Index：GGI）を公表しました。経済・教育・医療・政治の4分野のデータから作成され、0が完全不平等、1が完全平等を示しています。2023年の日本の総合スコアは、0.647（前年は0.650）、順位は146ヶ国中125位（前年は156ヶ国中116位）でした。

順位	国名	スコア
1	アイスランド	0.912
2	ノルウェー	0.879
3	フィンランド	0.863
4	ニュージーランド	0.856
5	スウェーデン	0.815
6	ドイツ	0.815
15	英国	0.792
30	カナダ	0.770
40	フランス	0.756
43	アメリカ	0.748
79	イタリア	0.705
105	韓国	0.680
107	中国	0.678
125	日本	0.647

CHAPTER 3

66

KEY WORD

自己概念

自己概念を理解すれば目標に対する意識を高めることができる？

自分の行動の規範を形成する要素にもなり得る

アイデンティティと似た概念に、**「自己概念」**があります。自己概念は「自分はこういうものだ」と考え、それに見合った行動をしようとすることです。例えば、仕事で新しいプロジェクトに取り組む際、「私は努力ができる人だ」という自己概念を持っているとします。これは単なる自己評価ではなく、過去の経験や行動を反映した、自己理解の結果です。このような肯定的な自己概念は、困難な状況に直面したときにも、あきらめずに努力を続ける動機づけになります。

自己概念は、**「現実自己」、「過去自己」、「将来自己」**という３つの側面で構成されています。現実自己は、自分自身を現在どのように見ているかを指し、過去自己はこれまでの自分の経験や行動がどのように自己認識に影響しているかを示します。将来自己は、自分が望む理想の姿や目標を表します。「私は努力ができる人」という自己概念は、過去の成功体験や努力が報われた瞬間から来ているかもしれません。それは同時に、将来の目標に向けた努力の継続をうながす原動力ともなります。

自己概念は固定的なものではありません。**自分自身の変化や成長に合わせて、自己概念も進化します。**固定化された自己概念に縛られることなく、新しい挑戦や失敗から学び、自己概念を更新していく柔軟性が大切です。自己概念は自分自身を理解し、行動を導くための強力なツールです。自己概念を理解することで、自分の行動や目標に対する意識を高められるでしょう。

自己概念

自己概念を元にアイデンティティが形作られ、動機が強まり行動を起こします。反対にアイデンティティが不足していると、動機が低下してしまいます。

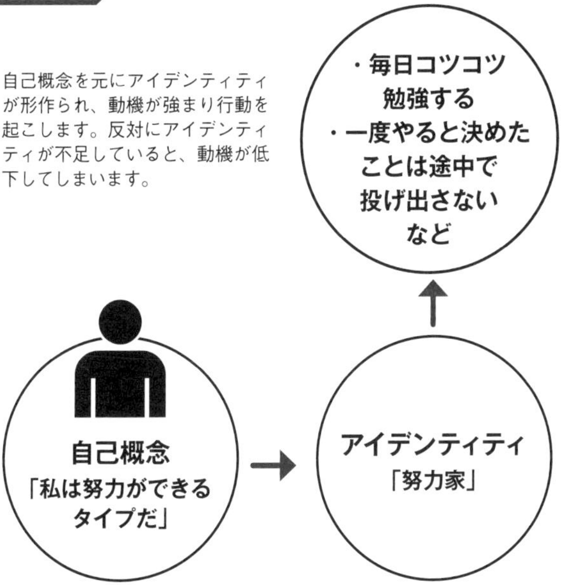

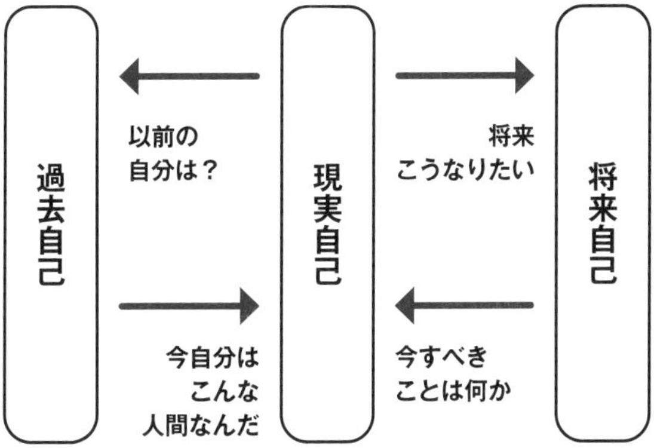

CHAPTER 3

67

KEY WORD

社会的アイデンティティ

内集団

外集団

日本代表や母校の選手を応援してしまうのはなぜ？

敵対する構図ができると自分が所属する集団に肩入れしたくなるから

普段、野球やサッカーなどに興味がない人でも、WBCやワールドカップのような国際大会が開催されると、自国のチームを熱狂的に応援することがあるでしょう。高校野球もまったく興味がなくても、母校の選手が活躍すると、誇らしい気持ちになり、試合に熱中することもあるでしょう。これは心理学者のタジフェルらが提唱した**「社会的アイデンティティ」**から説明できます。人は自分にとって心情的、価値的に重要だと感じる所属集団（性別や国籍、母校、職業、世代など）の一員であると認識する社会的アイデンティティがあります。そして、肯定的な社会的アイデンティティを求める欲求があるとされ、その欲求が満たされるのは、他の集団と比較して優位性を確認することであると考えました。

国際的な試合で自国のチームを応援したくなったり、相手国に勝利したときに、喜んだり誇らしい気持ちになるのは、自分が所属する集団が良い評価を得られたと思い、自尊心が満たされるからです。

また、**「内集団」と「外集団」**という社会心理学の概念からも説明できます。内集団は自分が所属する集団、外集団はそれ以外の集団を指します。この二つが対立すると、私たちは自分の所属する内集団に強く肩入れする傾向があるのです。特に、敵対関係となる外集団が存在する場合、この傾向はさらに強くなります。

社会的アイデンティティ

所属する集団の例

社会的アイデンティティにはさまざまなカテゴリーがあり、自分がどの集団に属しているかを位置づけることで確立されます。

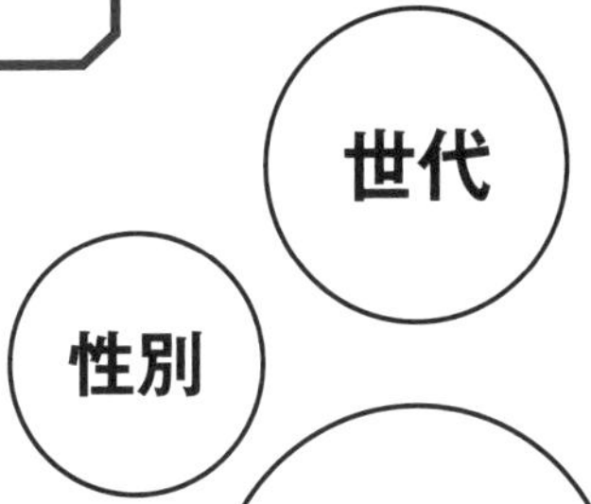

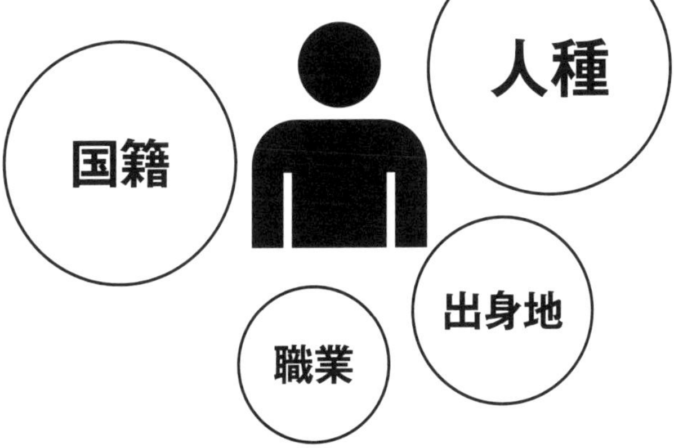

所属する集団に満足できない場合

自分が今所属している集団が肯定的な評価を得られなかった場合、次のような行動を取るようになります。

所属する集団

↓

社会移動

所属する集団を離脱して別の集団へ移ります。

社会変動

自分の所属する集団と他の集団の差がなくなるように努力します。

下方比較

自分の集団よりももっと悲惨な状況に置かれている集団があると考えたり、より下の集団と比較して自尊心を守ろうとします。

CHAPTER 3

68

KEY WORD

自己呈示

自己開示

自分をよく見せようとするときに働く心理とは？

人からの評価を上げたいときに自己呈示をしてしまう

「自《じ》己《こ》呈《てい》示《じ》」とは、客観的自己意識、すなわち、**人からどう見られているか**ということを、絶えず意識しながら振る舞う行為のことをいいます。「自己呈示」とよく似た言葉に**「自己開示」**がありますが、自己開示とは自分の悩みを打ち明けたり、**自分の思っていることを率直に話したりする**ことをいいます。

自己呈示の典型的な行為として挙げられるのが「人からの評価を上げようとする行為」です。良い評価を受けるパターンには、「この人はいい人だな」と思われる**「好意獲得（人柄面）」**と、「この人は優秀だな」と思われる**「自己宣伝（能力面）」**の２つがあります。

人柄面での好意獲得をする人は、前向きな考え方をしていたり、人に対して平等だったり、周囲に気遣いができるといった振る舞いをします。

一方の能力面で好印象を得たい人は「すごい人に見られる」ことを狙った行為をします。

能力の高さを訴求しようとすれば、上司や同僚など周囲の人々には自分の能力が高いがゆえに得られた成果について明確に伝える必要があります。

サラリーマンの場合、能力面の好意獲得は出世や大きな仕事を任せてもらうチャンスにも影響することになります。そのため、目的に合った自己呈示をすることは自分の目標を実現できる可能性に繋がります。

自己呈示

自己開示

＝ありのままの自分を
率直に話す

自己呈示

＝自分をよく見られる
よう振る舞う

好意獲得
（人柄面）

自己宣伝
（能力面）

自分勝手な振る舞いをせず、周囲に意見や行動を合わせることで好意を獲得しようとします。

仕事で成果を出すなど、能力の高さを伝えて、好印象を得ようとします。

CHAPTER 3

69

SNS でエゴサーチをしてしまうのはなぜ？

KEY WORD

自己認識欲求

客体的自己意識

人は他人からどう見られているかや自分の特徴や価値を知りたい欲求があるから

私たちは自分が人からどう見られているかが気になるものです。自分がどういう人間で、人からはどういうイメージで見られているか、などについて気になると、SNS でエゴサーチをしたくなります。

また、転職サイトで、「あなたの市場価値は？」とか「適正年収は？」といった文言が目に入るとつい気になってしまいますし、性格診断や性格占いなどがあればやってみたくなるものです。こういった**自分の特徴や価値を知りたい、調べたいという欲求のことを「自己認識欲求」といいます。**多くの人にとって、一番関心のある人間は、自分です。自分に関心を向けるのは自然なことだと言ってよいでしょう。ちなみに人からどう見られているかについて気にすることを、**「客体的自己意識」**といいます。自己認識欲求と客体的自己意識が連動することでエゴサーチの熱はどんどん強まっていきます。

自己認識欲求が高い人は、客体的自己意識が高い場合も多いですが、必ずしも相関するわけではありません。**日本人は比較的、客体的自己意識が高い**人が多く、若い人はとりわけ客体的自己意識が高い傾向にあります。

客体的自己意識が高い人は、例えば話し合いの場で、自分がどう見られているかということがまず気になり、意見を言う際には、周囲の状況を見ながらおそるおそる言う傾向があり、独断で自分の意見を言うことはあまりしません。**「思ったことがあればどんどん率直に言うべき」と考える人の多い欧米人とは対照的**だと言ってよいでしょう。

自己認識欲求

実際に転職しようと思っていなくても、転職サイトのサービスで、自分の年収がどのくらいが適正なのか調べてみたり、SNSの投稿に対してどれくらい「いいね」をされているかをチェックしたくなるのは、「自己認識欲求」があるからです。

客体的自己意識

自分の意見を言うのをためらったり、人の目を気にしてしまう人は「客体的自己意識」が高いと考えられます。周りからどう見られているか気にするあまり、エゴサーチばかりしてしまう人もいます。

CHAPTER 3

70

KEY WORD

文化的自己観

自己紹介のときに会社など所属先を言うのはなぜ？

所属する集団のなかで自己が存在すると考えるから

あなたは自己紹介をするときに、どのように自分のことを説明しますか？

おそらく「○○株式会社で営業をしています」「○○大学の学生です」など、所属する集団について話すことが多いと思います。これは日本をはじめアジア圏の人に多い傾向です。反対に、欧米人に「あなたはどういう人ですか？」と質問すると、「バスケットボールが得意です」とか「ダンスが上手です」といった能力に関する答えが返ってくることが多いようです。

この違いは、**「文化的自己観」**の違いに根ざしています。文化的自己観とは、社会や文化のなかで個人がどう自己を見ているかという視点です。アジア圏の人が自己紹介でまず所属先を言うのは、**「相互協調的自己」**からきています。これは社会のなかにおける自己を重視し、家族や所属する集団組織の関係性のなかで自己が存在するというアジア的な考え方です。

欧米人の自己感は**「相互独立的自己」**といい、個人が社会的な役割や関係性に関係なく、独立して自己を認識するという西洋的な考え方です。

アジア圏に多い文化的自己観は時に誤解やコミュニケーションの障害を引き起こす可能性があります。例えば、国際的な場で日本人が所属先に基づいた自己紹介をすると、他文化の人々にはその人の個性や能力が明確に伝わらないかもしれません。このため、異文化間コミュニケーションでは、自分の能力や興味を先に話し、その後で所属先を述べるなど、相手の文化的背景に合わせた自己紹介を心がけることが求められます。

文化的自己観

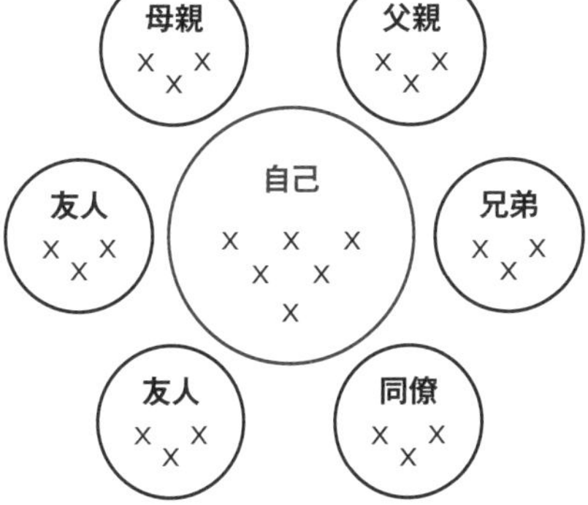

相互独立的自己

欧米では、自分は他者とは区別されていて、それぞれ独立したものであるという考え方をします。

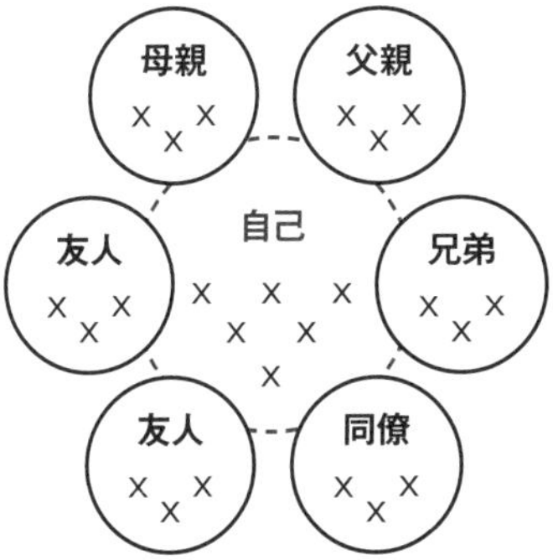

相互協調的自己

日本を含むアジア圏では、自分は他者との関係性があって、そのなかで存在しているという考え方をします。

CHAPTER 3

71

KEY WORD

心理的リアクタンス

人に言われると、やりたくなくなるのはなぜ？

自分の自由を制限されると反射的に不快感や反発を覚えるから

上司から「そろそろ報告書の締切が近いから、早く提出しなさい」と言われると、「今からやろうと思っていたのに」と、モチベーションが下がってしまったという経験はありませんか？　もしくは学生時代、学校から帰ってきて宿題をやらずにゲームなどをしていて、そろそろ宿題をやらなきゃなと思っていたとします。そのときに母親から「早く宿題をやりなさい」と声をかけられると、「今からやろうと思っていたのに！」ととたんにやる気がなくなってしまう。このように、せっかくやる気になっていても、人に言われるとやりたくなくなる心理は、**「心理的リアクタンス」**と呼ばれます。

人は根本的に自由であることを好みます。自由を制限されると反射的に不快感や反発を覚えます。なぜなら、やろうと思った行為が、自分の自由が保たれたまま選び取った行為ではなく、他人から言われ、やらされている行為として認識されることで不愉快な感情が生まれるからです。

上司は部下が何か仕事を担当する際、やり方を事細かく指示するのではなく、どんな形式がベストであるかを部下に尋ねて、自分自身で決めてもらうようにしましょう。**部下の提案を尊重し、本人の思う通りのやり方で進めるよう指示する**のです。

上司が自立性と意見を尊重することで、部下は自分の意見が受け入れられた正しい方法だと感じ、自分の仕事に積極的に取り組むようになります。

心理的リアクタンス

「早くやりなさい」と言われると自由を制限され反射的に反発を覚えます。

相手に質問するなどして、子どもが自分で考え、自分でやるべき行動をうながすように仕向ける工夫が必要です。

CHAPTER 3

72

禁止されていることをやりたくなってしまうのはなぜ？

KEY WORD

カリギュラ効果

自由を奪われることで余計に興味関心が増す心理現象

子どものときに、公園などで「立ち入り禁止」と書いてあると、つい入ってみたくなったことはありませんか？　もしくは「見ないで」と言われると、つい見てしまいたくなったりすると思います。これは**「カリギュラ効果」**といわれ、**禁止されることで、かえって禁止されていることをやってみてしまいたくなる心理現象**です。

カリギュラ効果はマーケティングの常套手段としても使われています。例えば、「このイベントの詳細は発表しません」と言われると、知る自由を奪われていると感じ、カリギュラ効果が作用して、「そんなこと言わないで、もっと内容を詳しく知らせて！」と思い、人々のイベントに対する興味関心が上昇することになります。あるいはコンサートで「ゲストは当日のサプライズ。来てみてのお楽しみ」などとうたうと集客効果が上がることがあります。

人は自由を奪われることで、その**自由を奪うものに対して強い関心を示すようになりますが、これも程度問題**と言えます。あまり強く自由を奪うもの、あるいは**自由を奪う意図が見え透いた行為に対しては、怒りを感じたり、心が離れていったりしてしまいます。**例えば、テレビでよくある「発表はコマーシャルのあと！」などの演出は、散々使われてきて陳腐に映り、かえって視聴者の関心を損ねるケースがあります。「こういうことをするならチャンネルを変えてしまおう」と考える視聴者もいることでしょう。カリギュラ効果を狙うのはよいですが、その塩梅が工夫のしどころとなります。

カリギュラ効果

マーケティングでの活用例

知る自由を奪われていると感じることで、「内容を詳しく知りたい」と思い、イベントに行ってみようと興味関心が上昇します。

カリギュラ効果がうまくいかない例

テレビのように強制的にCMになると、強く自由を奪われたと感じたり、制作者の意図が見え透いた行為に対して、怒りを感じたりします。

CHAPTER 3

73

KEY WORD

バランス理論

恋人のファッションや趣味に影響される人がいるのはなぜ？

人は人間関係において
バランスがとれた状態を好むから

男性でも女性でも、付き合う人のファッションや趣味に影響を受けて、同じようなファッションをしたり、趣味をはじめたりする人がいます。これは心理学者のフリッツ・ハイダーの提唱した**「バランス理論」**で説明ができます。**多くの人は友人関係、人間関係において、意見が一致している状態を好みます。**バランス理論とはこの状態を維持しようとする心の働きを示す理論です。

お互い仲のよいグループ（ユニット関係）において、人や趣味など共通の対象に対して、同じ態度（否定態度もしくは好意的態度）を示している場合、人間関係のバランスが取れていますが、これが崩れると次第に不安定になっていきます。この場合、人間関係を維持するためにどちらかが妥協して、バランスが取れるほうに意見や好みが移っていくこともあります。

例えば、ある人が恋人と交際しているうちに、それまで自分はあまり好きでなかった、恋人が好きな音楽のジャンルやアーティストのファンになることがあります。**「好きな人が好きなものを好きになること」はバランス理論が働いた証拠**と言えます。というのも、そうした方が人間関係のバランスをより円滑に維持しやすくなるからです。

それまで好きではなかったアーティストを好きになった心の働きについては、恋人の好みが波及したのか、恋人との交際を円滑に保つためにそうなったのかは何とも言えないところですが、関係が良好なときほどバランス理論が働きやすくなるのです。

バランス理論

ハイダーが提唱したバランス理論は、「人はA・B・Cの3つのプラスとマイナスのバランスが取れた状態を好み、バランスが取れていない場合、その状態を修正しようとする意識が働く」という考えです。

バランスが取れていない状態

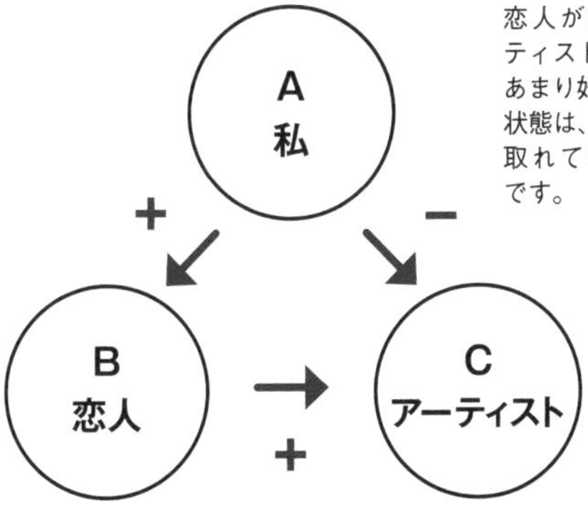

恋人が好きなアーティストを、自分はあまり好きではない状態は、バランスが取れていない状態です。

バランスが取れている状態

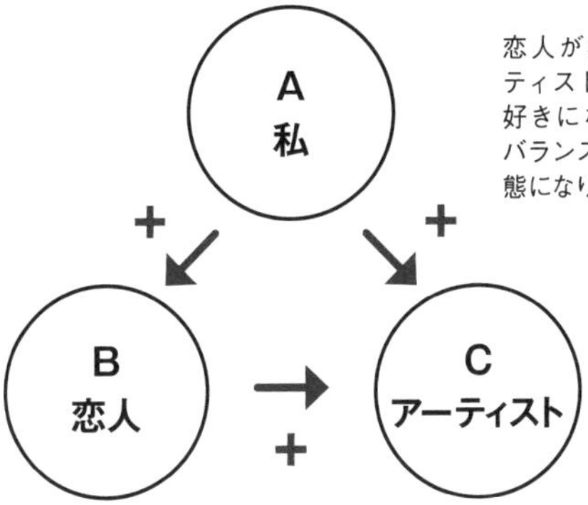

恋人が好きなアーティストを、自分も好きになることで、バランスが取れた状態になります。

CHAPTER 3
74

KEY WORD
囚人のジレンマ
社会的ジレンマ

個人が利益を求めて行動すると社会的な不利益になる？

裏切らないで協力すると長期的メリットが得られる

現在の日本は食品やサービスの値上げが相次いでいますが、企業が顧客獲得のために値下げ合戦を行うと、業界全体で自らの首をしめていく現象が起こります。例えば牛丼チェーン店で、A店が牛丼を280円にすれば、B店は270円にするといった熾烈な価格競争を続けた結果、業界全体で利益が薄くなっていきます。このように、**個々が都合のよい行動を取り出し、これらが集積すると負荷が高まり、全体で見ると業界の衰退へとつながっていくことを、社会的ジレンマといいます。**

もともとは**「囚人のジレンマ」**という理論がベースとなっています。

２人の囚人がお互いを信頼して裏切らないでいるとお互いにメリットが得られますが、それぞれ自分の利益だけを目的に行動すると、協力し合うよりも悪い結果になるというものです。

この囚人のジレンマに象徴されるように、メンバー相互で協力することでメリットが最大になるのですが、そのメリットを魅力的に感じることができず、つい**自分本位の行動をしてしまうことが社会的ジレンマの発生要因**になります。

私たちの身の周りで発生している社会的ジレンマについて考えてみると、個人の資源消費のあり方を挙げることができます。個々人が自らの欲求のまま電気やガソリンなどの大量消費を行い、これらが集積すれば電力不足や温暖化現象が起こります。これを防ぐには、地球環境の保護や維持は自分たちの心がけ次第であるという視点を持つことが求められるのです。

囚人のジレンマ

共犯で投獄され懲役7年の刑が言い渡されたAとB、2人の囚人に対して、

- 「相手が黙秘して、君が自白すれば釈放して、相手を懲役10年にする」
- 「君が黙秘して、相手が自白すれば、懲役期間は君が10年、相手が釈放になる」
- 「2人とも自白した場合、懲役期間は従来どおり7年になる」
- 「2人とも黙秘した場合、証拠不十分のため懲役期間は3年になる」

という司法取引が持ち掛けられたとします（A、Bは互いに相談ができない環境にあるものとします）。

囚人B

囚人A

		囚人B	
		自白（裏切り）	黙秘（協力）
囚人A	自白（裏切り）	両者懲役7年	Aは釈放 Bは懲役10年
	黙秘（協力）	Aは懲役10年 Bは釈放	両者懲役3年

この場合、相手を信頼して2人で黙秘を貫くのが一番得をします。しかし、両者が相手を裏切ってでも自分の利益だけを考えて行動すると、悪い結果になります。

CHAPTER 3

75

KEY WORD

社会的比較理論

人と自分をつい比べてしまうのはなぜ？

人と自分を比較することで安心感を得ようとするから

人間は群れで生きる生物であり、他人と比べることで自分の立ち位置を知ります。群れの中で生きるためには役割を分担する必要があり、役割をこなすことができていれば達成感、充実感などが得やすくなり、快適に過ごすことができます。人間生きていればそれでいいんだという心境に到達することも可能ですが、普通の人は、自分は組織のなかできちんと適応できているか、役に立っているかなどということが気になってしまうものです。

しかし、大抵の場合、自分が組織のなかで有用であるかを判断する基準は曖昧です。そこで周りの人々と自分を比較して、自分の社会における位置を確かめます。このことを**「社会的比較理論」**といい、社会心理学者のレオン・フェスティンガーによって提唱されました。自分の立ち位置が明確になることで、人は安心感を得ます。

その一方、人と比較することで自分の立ち位置が低すぎてかえって心の平安を乱してしまうといったケースも起こり得ます。自分より劣っている人と比較することを「下方比較」、自分よりも優れている人と比較することを「上方比較」といいます。**健全な自己評価ができれば、自分の能力、組織内での立場をより正確に把握でき、自分の能力や立場に応じた仕事を遂行しやすくなります。**

社会的比較理論

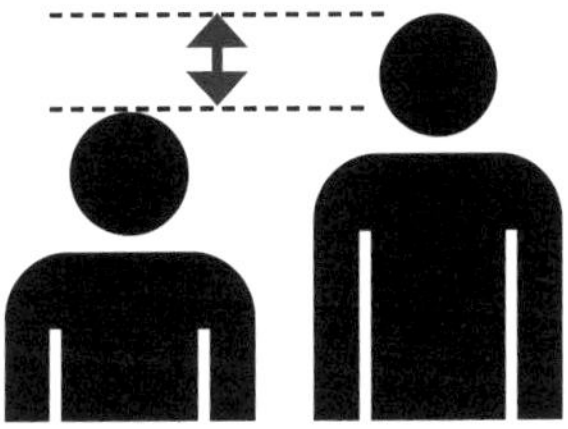

群れのなかで暮らす私たち人間は、人と比較することで、自分の立ち位置が明らかになり、安心感を得ます。これを社会的比較理論といいます。

❶下方比較

自分よりも劣っている人と比較することを、下方比較といいます。自分に自信がないときなどに、「あの人より自分のほうが良い」と安心感を得るために行います。

❷上方比較

自分よりも優れている人と比較することを、上方比較といいます。自分に自信があるときに、比較対象をみならい、やる気を高めるために行います。

CHAPTER 3

76

KEY WORD

自己評価維持モデル

同僚の成功や出世に嫉妬してしまうのはなぜ？

自己評価を維持するために拒否したい感情が生じるから

人は自分に関係ない領域の人にならば負けてもそれほど苦になりませんが、自分が力を注いでいる領域では優位に立ちたいものです。だから例えば同期の友人が課長に出世し、自分がそうでないと忸怩《じくじ》たる思いに囚われてしまいます。これは自分と同様の立場にある同僚が出世することで自己評価が低められ、強い敗北感や無能感が生じてしまうからです。これを**自己評価維持モデル**といいます。ジョージア大学の心理学者アブラハム・テッサーが提唱した理論です。

人はポジティブな自己評価を維持するために、心理的距離が近い他人の行動によって、２種類の反応を示します。**他人の行動が自己評価が上がることであれば、肯定して称賛します。反対に自己評価を下げることであれば、拒否します。**同級生が大谷翔平のようなアスリートだったら、自慢したくなるでしょう。反対が先ほどの同期の友人が出世した例などです。このようなとき人は嫉妬や妬みの感情に向き合うことになります。

ちなみに**「嫉妬」と「妬み」は似て非なる感情**です。嫉妬は自分の持っている好ましいものを奪われてしまうのではないかと心配するときに起こる感情であり、妬みは自分が欲しいと思っているにもかかわらず持っていないものを、他の誰かが持っているときに起こる感情です。

自己評価維持モデル

自己評価維持モデルでは、「他者との心理的距離」「課題の関連性」「他者の遂行レベル」の３つの要因で評価が行われます。

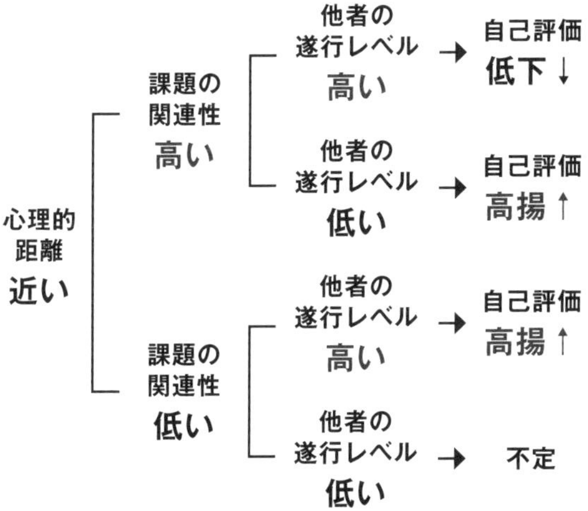

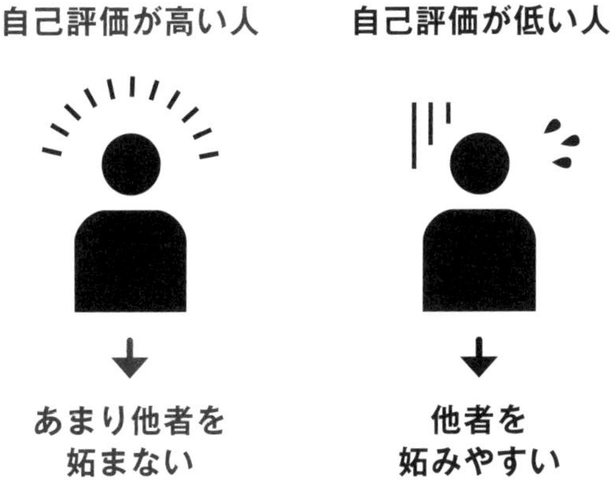

CHAPTER 3

77

KEY WORD

パーソナルスペース

カフェで「端の席」に人気があるのはなぜ？

他人との適度な距離を保つことが安心感に繋がるから

カフェに入ったとき、多くの人が自然と端の席を選びます。これには**「パーソナルスペース」**という社会心理学の概念に関わる現象です。「パーソナルスペース」とは、**個人が心地よく感じる自身の周囲の空間**のことを指します。これは他人との適度な距離を保ち、安心感を得るために無意識のうちに作る「縄張り」のようなものです。

カフェの一番端の席に座ることで、背後からの接近や視線を避けられるため、私たちは無意識に安心感を得ているのです。「すみっこ」に座ることで、他人との距離が自然にでき、落ち着いて時間を過ごせることは多くの人が経験上納得できると思います。

また、トイレでは、隣が空いている場合、使用中の個室からひとつ隔てて利用する人が多いのではないでしょうか。これもパーソナルスペースを守ろうとする行動の一例です。

反対に、**パーソナルスペースを他人から侵害されると、不快感やストレスを感じる**ことがあります。満員電車に揺られたり、混雑した街を歩いたりすると不快な気持ちになるのは、パーソナルスペースを侵害されるからです。

パーソナルスペースに関して理解を深めることで、私たちは空間の使い方を工夫し、ストレスを感じにくい環境を作れるようになるでしょう。また、**他人のパーソナルスペースを尊重する**ことで、より対人関係もスムーズになるでしょう。

パーソナルスペース

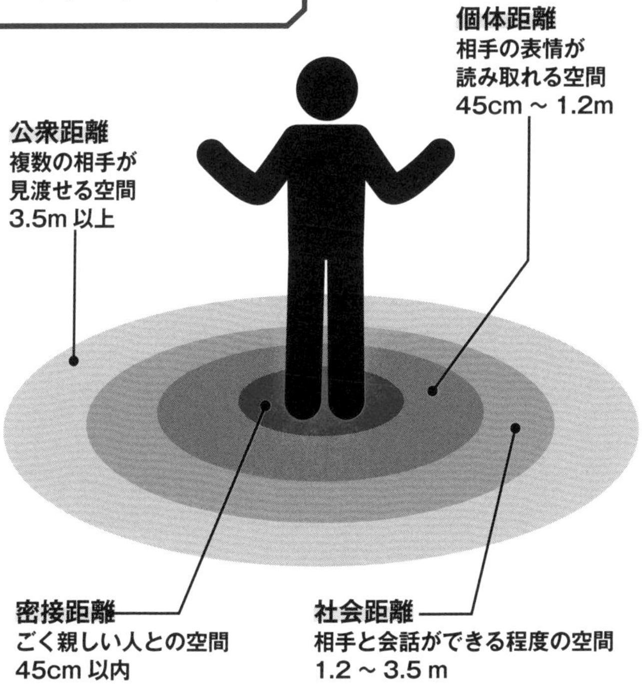

パーソナルスペースは、自分を中心とした心地よく感じられる空間のこと。パーソナルスペースを他人に侵害されると不快感が生じます。

カフェに入ったとき、ひとつ飛ばした席に座ったり、一番端の席に座ったりすると他人との距離ができるので心地よさを感じます。

CHAPTER 3

78

KEY WORD

自己制御

リバウンド効果

何度チャレンジしてもダイエットに失敗するのはなぜ?

自己制御が困難であるうえにリバウンド効果が起きやすいため

ダイエットに失敗したことがある人は多いのではないでしょうか。

ほとんどの場合、失敗の背後には**「自己制御」の難しさ**があります。自己制御とは目の前の誘惑を断ち切る能力のことを指します。自己制御の実験として、ウォルター・ミシェルらの**「マシュマロ実験」**が有名です。この実験では4歳の子どもの前にマシュマロを置いて、部屋で1人で待たせます。呼び鈴を鳴らせば実験者がすぐに戻り、マシュマロを1つ食べられます。呼び鈴を鳴らさずに実験者が戻るまで待てたらマシュマロを2つ食べられます。この実験の後、12年後の子どもたちを調べると、マシュマロを我慢できた子は、成績優秀者や社会的地位が高い傾向にあることがわかりました。

自己制御はこのように重要ですが、**ただ抑制するだけでは、逆効果になる**ことが知られています。なぜなら、抑制することにより**「リバウンド効果」**が発生しやすくなるからです。リバウンド効果とは、**抑制が解けた際に逆に抑えていた欲求が強まる**という効果です。ダイエットで食事を我慢している場合、ダイエット中に食べ物を我慢すると、食べ物のことを常に考えるようになり、欲求をさらに増幅させます。結果、一度食べ始めると止まらず、体重が増加するのです。では、どうすればリバウンド効果を避け、自己制御を上手にできるのでしょうか。そのカギは食べることを我慢したり、否定することではありません。反対に**ジョギングしている自分を想像してみたり、ダイエットが成功した自分を想像してみるといい**でしょう。

自己制御

マシュマロ実験

スタンフォード大学で行われたマシュマロ実験では、４歳の子どもたちが１人ずつマシュマロ１つと、机とイスと呼び鈴だけの部屋に通されます。実験者は「私が戻るまでにマシュマロを食べるのを我慢できたら、もう１つあげる。食べるのを我慢できなくなったら呼び鈴を鳴らしてねマシュマロを１つ食べていいよ。いない間に食べたら２つ目はなし」と言って、部屋を出ます。結果は、３分の１の子どもが我慢できました。

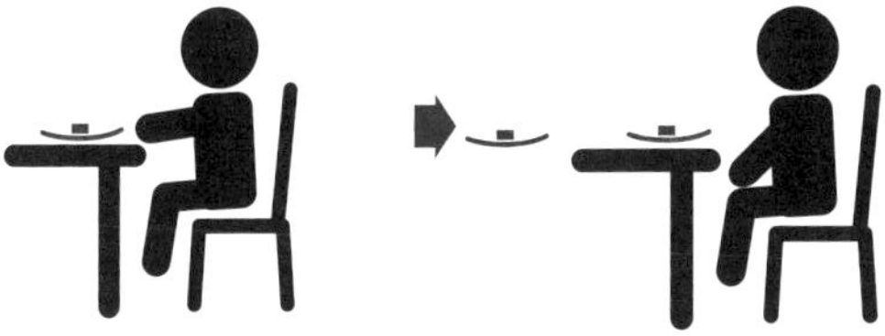

実験者が戻るまで我慢できなかった

→マシュマロ１つだけ

実験者が戻るまで我慢できた

→２つ目もらえる

リバウンド効果

食べ物を無理やり我慢しようとすると食べ物のことばかり考えるようになり、欲求が高まって逆効果になります。

CHAPTER 3

79

KEY WORD

主張的セルフ・ハンディキャッピング

獲得的セルフ・ハンディキャッピング

試験前に「全然勉強してないよ」と言うのはなぜ？

結果が良くても悪くても自己肯定感が得られるから

学生時代、試験前に「勉強した？」「全然勉強してないよー」という会話をしたことがあると思います。この言葉の裏側には、実際に試験でよい点数を取れなかったとき、その原因は勉強をさぼったからであり、能力が低いからではない、ということを周囲の人に知ってもらいたいという心理が働いています。自らハンディキャップを付けて、結果がよくなかったときの逃げ道をあらかじめ作っているわけです。反対に好結果を得られた場合、「勉強してなかったのにそんな点を取れるなんてすごい！」という割増効果も得られます。「試験に備えて勉強してきたよ」と言うよりも、「全然勉強しなかったよ」と言っておく方が、結果が良くても悪くてもメリットがあるのです。このような**セルフ・ハンディキャッピング**は、実際はさておき、言葉で言うだけなので、**「主張的セルフ・ハンディキャッピング」**と呼ばれます。

一方で、試験前なのに飲みに行ったり、部屋の片付けに夢中になったりして、本当に勉強しないことで、結果がよくなかったときの逃げ道をあらかじめ作る行為を**「獲得的セルフ・ハンディキャッピング」**といいます。獲得的セルフ・ハンディキャッピングを行った場合、悪い点数だと「勉強しなかったからなあ」と割引効果のある自己肯定感が得られ、よい点数を取れれば、「勉強しなくても自分はできるんだ」という有能感が割増効果として得られます。**獲得的セルフ・ハンディキャッピングを行う習慣が根付くと、自主的な努力を避けるようになり、学習や仕事で成績不良が常態化しがちなので注意しましょう。**

主張的セルフ・ハンディキャッピング

言葉で言うだけのセルフ・ハンディキャッピングを主張的セルフ・ハンディキャッピングといいます。結果にかかわらずメリットがあります。

良い結果
→勉強しなかったのにすごい！

悪い結果
→勉強してないから仕方ない

獲得的セルフ・ハンディキャッピング

実際に部屋を片付けるなどして、勉強しない場合を獲得的セルフ・ハンディキャッピングといいます。無自覚に行われるケースが多いのがくせもので、たまたま良い結果になると、有能感を得られてしまい、獲得的セルフ・ハンディキャッピングを行う習慣がついてしまいます。

良い結果
→勉強しなくても自分はできる！

悪い結果
→万全な状態ではなかったから仕方ない

CHAPTER 3

80

KEY WORD

観察学習

モデリング

プロ野球選手を模倣するだけで野球がうまくなる？

単なる真似ではなくよく観察して戦略や理論を理解することが肝心

野球ファンなら、プロ野球選手のようになりたいと思って練習したことがあるかもしれません。

この心理は**「観察学習」**から来ています。観察学習は、**他人の行動を観察し真似ることで、新しいスキルや行動を学ぶ**ことです。

観察学習を実現するプロセスが**「モデリング」**です。例えば、子どもが親を見て話し方を学んだり、野球選手が先輩のバッティングフォームを真似たりするのがモデリングで、一定の効果があります。

野球以外のモデリングの効果としては、例えば、**教育環境では教師がポジティブな行動を示すこと**で、学生がその行動を模倣し、クラス内の行動規範が向上する場合があります。また、**企業や組織では、リーダーシップの強い人物が、他の従業員にポジティブな影響を与え、組織文化を形成する**ことがあります。

観察学習の理論は、カナダの心理学者であるアルバート・バンデューラの研究によって知られるようになりました。彼は、子どもが大人の攻撃的な行動を観察し、同じ行動を模倣する様子を「ボボ人形の実験」で示しました。

観察学習においては**単なる真似ではなく、観察から学んだ情報を取り込んで、行動に移すプロセスがある**とバンデューラは提唱しています。観察したことの背後にある戦略や理論を理解した上で練習を重ねることで、本物のスキルを手に入れることができるでしょう。

観察学習

ボボ人形の実験

お手本役の大人がボボ人形（おきあがりこぼしのような人形）を攻撃的に扱い、その様子を子どもに見せると、攻撃的な行動を取る観察学習をするかを調べる実験を行いました。３〜６歳の幼児を集め、３つのグループに分け、下記のように実験を行いました。

グループ❶部屋に大人がいて、ボボ人形を攻撃する
グループ❷部屋に大人がいるが、ボボ人形を攻撃しない
グループ❸部屋に大人がいない

10分ほど経過した後、車やボールなど別のおもちゃとボボ人形が用意されている別室に子どもだけを連れて行き、その部屋での子どもの行動を観察しました。

実験結果

暴力的な行動を観察したグループ①の子どもは、叫んだりボボ人形を殴ったりする様子が見られました。これにより、観察学習により攻撃性が高められたと考えられます。残りの２グループでは、大きな差は見られませんでした。

CHAPTER 3

81

KEY WORD

透明性の錯覚

平気で遅刻やドタキャンをする人の心理は？

人は他人が自分の心のなかをわかってくれていると錯覚しがち

恋人とデートの約束をしていたＡさんが、約束の時間に遅刻しそうになったとき「ごめん、今日も仕事が立て込んでいるからキャンセルできない？」と連絡したとします。仕事が忙しく、時間がとりにくい状態であることをＡさんは自分でわかっていても、恋人はそのことをはっきりと認識しているとは限りません。このような言い方をすることで、相手は「ドタキャンするほど忙しいなんて知らないよ！」と怒り、ケンカの原因になるかもしれません。

人は相手との距離が近くなればなるほど、自分が思っていることを相手もわかってくれていると思い込みがちです。このように、**自分の心のなかが他人に伝わっているのではないかと錯覚してしまう傾向を「透明性の錯覚」**と呼びます。しかもこの錯覚は無自覚に生じるのです。

しかし、実際には自分の考えていることが、相手に透けて見えているわけではありません。どんなに親密になっても、「言ってくれないとわからないこと」はあるのです。そして、「言わなくてもわかるはず」というのは相手に対する甘えや過度の期待である場合が多いのです。友人や交際相手と良質で円滑なコミュニケーションを行うには、**「どんなに親密になっても、相手に言わないとわからないことはある」**ということを理解して、普段から、面倒がらずに自分の状況をきちんと伝えておくことが大切です。そうすれば、急用ができたり、トラブルが起きたためにドタキャンや遅刻などをした場合、相手が事情を的確に察し、気分を大きく損ねるといった状況は起こりにくくなります。

透明性の錯覚

ギロヴィッチの実験

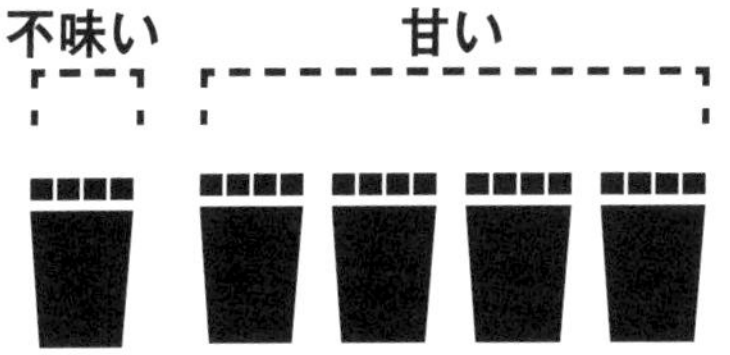

アメリカの心理学者ギロヴィッチの行った実験を紹介します。外見上は区別がつかないようにした5つのコップを用意し、そのうち４つに甘い飲み物、残り１つは不味い飲み物を入れます。被験者は初対面の 10 人の前で順番に飲んでいきます。実験者は、どれが不味い飲み物か見破られないように、できるだけ無表情で飲むように被験者に指示しました。

実験結果

被験者は、どれが不味い飲み物か顔に出てしまい、見破られているに違いないと思い、平均して約半数の人にはバレていると答えました。しかし、観察者はどの飲み物が不味かったか言い当てられたのは３割程度で、偶然正解する確率と同じでした。

CHAPTER 3

82

KEY WORD

スポットライト効果

自己注目

自分の容姿や行動を他者はそれほど気にしていない？

世間はそれほど自分に注目していない

自意識過剰な状態を象徴する心理用語として**「スポットライト効果」、もしくは「自己注目」**というものがあります。これは、自分の言動や振る舞いがいつでも人に見られているのではないかという思い込み（透明性の錯覚 P.178）が強く作用してしまう状態をいいます。

私が行った研究で、ある販売会場で被験者に派手な柄の T シャツを着てもらい、他の人に混じって 20 分程度、来場者の応対をしてもらうという実験をしたことがあります。被験者は、「みんな私のことを変な T シャツを着ている人と思ったに違いない」と考えるのですが、来場者にアンケートを取ってみると T シャツに注目した人は全体の約 2 割程度しかいませんでした。

私はこの試験結果を自意識過剰に苦しむ人によく話すのですが、それは**「世間はあなたにそれほど注目していない」**ということに気づいてほしいからです。

スポットライト効果が強くなると、自分が関与するすべての出来事を自分自身のせいだと思いがちになります。例えば、会話が途切れたときに、「これは自分のせいだ」と感じることがあります。しかし実際には、会話の流れは多くの要因によって左右されるので、一概に自分のせいとは言えません。

スポットライト効果により、不必要な自己意識やストレスを感じることがあります。しかし、恥ずかしい思いをするような失敗をしても安心してください。**実際には他人は私たちの小さな失敗や短所に気づいていないものです。**

スポットライト効果

自分の言動や振る舞いが人から見られているのではないかというスポットライト効果に関する実験を紹介します。被験者に派手なＴシャツを着てもらい、ある販売会場で来場者の対応をしてもらいました。あとで、来場者にアンケートを取った結果、約２割程度の人しか、派手なＴシャツに注目していませんでした。実際にはそれほど注目されないという結果になりました。

約２割しか
注目しなかった

スポットライト効果が強くなると……

「みんなが自分に注目している」「みんなに批判されている」と被害妄想に陥る人がいます。

今日会って、話をした人は？

強い症状に悩む人に対しては認知行動療法を行うことがあります。例えば、今日会って話した人を見てわかったことをどんどん書き出してもらいます。そうすると大抵の人は、「自分は他人のことをそれほど詳しく見ていないし、それほど詳しくは見ていられないものなんだ」ということに気づきます。それがわかると、「自分もそうなのだから、他の人も同じで、他人は自分のことをそれほどじっくりは観察していないんだ」ということが実感として理解でき、自己注目の症状が緩和していくのです。

CHAPTER 3

83

KEY WORD

認知的不協和

きつい職場を辞めたくても辞められないのはなぜ？

仕事を辞めないための理由を探そうとしてしまうから

きつい職場を辞められない理由は、さまざまに考えられますが、そのひとつに**「認知的不協和」**という心理が働いている可能性があります。真面目な人は、「この企業はブラック企業なので早く辞めるべきだ」という気持ちが出てくる一方で、せっかく就職して長年打ち込んできた仕事に対して「手放したくない」、「自分がいないとこの仕事は成り立たなくなる」などと考え、その葛藤に悩まされているのかもしれません。このように矛盾した認知を同時に抱えた状態を認知的不協和といいます。絶えずこの葛藤に悩まされながらも、**自分のなかで理由付けをして、会社に留まっている**のです。

ブラック企業に入った人は、「この組織を辞めたい」と思い立つのと同時に、**組織に入ってしまった自分の愚かさに向き合うことになります**。そこで自分の判断が愚かであったことを認めたくない人は、「どこも同じようなものだ」、「自分はこの道を選んだのだ。今さら引き返せない」などと、辞めないための理由を探そうとするのです。このように、不満を見ないようにする、あるいは不満に対する言い訳を用意して、自分の心に折り合いをつけるのです。

また、「仕事はつらいけど、自分がいなければ仕事はまわらない」という**スポットライト効果が作用しているケースも多くあります。**このような責任感や使命感は適度に持つ分にはよいのですが、「自分が会社を辞めても、次の日からは別の人が仕事をまわすことになる」と冷静に自分を見る視点も持っておいた方がよいでしょう。

認知的不協和

ブラック企業でつらいけど、せっかく就職したから手放したくないといった、矛盾した認知を同時に抱えた状態を認知的不協和といいます。矛盾を解消するため、辞めないための理由を探してしまう心理です。

イソップ寓話『酸っぱいブドウ』

認知的不協和を象徴する話として、イソップ寓話の『酸っぱいブドウ』があります。お腹をすかせたキツネがブドウの木を見つけたものの、ブドウは高い位置にあり、背が届かず取ることができません。そこでキツネは、「ブドウが取れなかったのは仕方がない。取れてもどうせ酸っぱいに違いない」と考え、ブドウを取るのを諦める、という話です。

CHAPTER 3

84

KEY WORD

直感

無意識

直感が意外と当たるのはなぜ？

実は経験則に裏付けされた答えを瞬時に出しているから

ChatGPTに代表されるように、AIが膨大なデータをもとにある課題に対する答えを導き出すように、人間も意識せずに、自分の経験を機械のように蓄積して、自分の前に出現した課題に対応しています。

人間はまさに**「ディープラーニング・マシーン」**であるわけです。このように考えていくと、**「直感」**とは単なる勘ではなく、**「脳が無意識に計算した出力結果」**と考えることができます。そして、直感が意外と当たるのは、深く考えていなくても、実は経験則に裏付けされた答えを瞬時に見出しているからです。

例えば、道を歩いているとき、「ここはなんとなく嫌な気がする」という直感が働いた場合、良くない理由を説明することができなくても、脳が膨大な経験の蓄積をもとに簡易計算を瞬時に行い、導き出した「良くない選択」とみなすことができます。ですから「なんとなく嫌」がしっかり意識できた場合は、その選択肢を避けることが賢明だと言えるでしょう。

直感を当てにすべきではない場合があるとしたら、複雑で難しい最新の情報がある場合です。この場合、熟慮を重ねて判断したほうがよいでしょう。とはいえ、なんとなく嫌なことでも仕事として遂行しなければならない場合があります。このような場合も「なんとなく嫌」という直感を見逃さず、トラブルが起こるリスクを想定して、**あらかじめ善後策を検討・用意しておく**ことで、トラブルが発生しても事態の悪化を最小限に抑えることが可能となります。

直感

直感のメカニズム

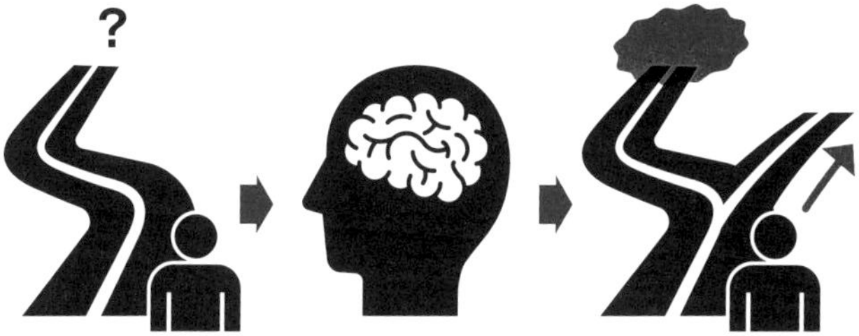

なにか嫌な感じを抱いたとします。

この時、脳はすでに経験の蓄積を元に瞬時に計算しています。

先にあるものを推測して、避けることができます。

ポスターの実験

直感を示す興味深い実験を紹介します。ポスターを２種類用意し、おみやげにどちらかを持ち帰ってもよいことにしました。このとき、持ち帰る人たちを２つのグループに分けました。ひとつ目のグループ（思考群）は、選ぶときに理由を考えてから持ち帰ってもらい､2つ目のグループ(感覚群)は、理由を考えずとにかく好きなものを持ち帰ってもらいました。

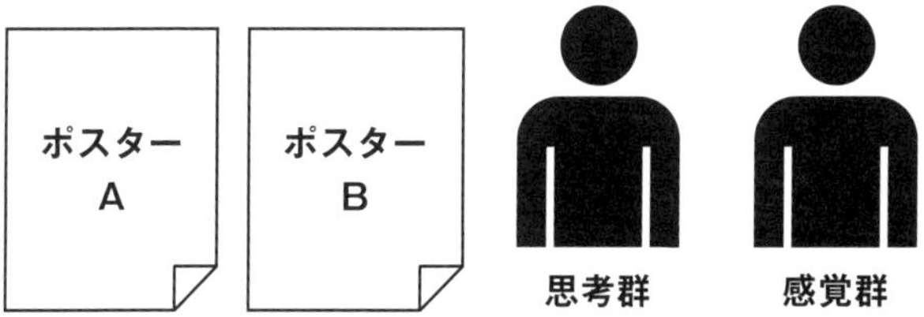

思考群
選ぶときに理由を考えてから持ち帰る。

感覚群
理由を考えずとにかく好きなものを持ち帰る。

その後、ポスターをどうしたか電話で追跡調査を実施したところ、感覚群のほうが家にポスターを貼っている割合が高かったのです。思考群はポスターを選ぶ際に、いろいろ理由をつけてはいるものの実はポスターをそれほど気に入っていないケースが多く、むしろ感覚で選んだ方が、自分にとってより好ましいものを選ぶ人が多かったことをこの試験は示唆しています。

CHAPTER 3

85

しぐさや表情で相手の気持ちがわかるのはなぜ？

KEY WORD

非言語コミュニケーション

瞳孔の反応

姿勢の変化や瞳孔の反応が起こるため

人は言葉を交わさなくても身振りや表情などで、相手に考えを伝えたり、読み取ったりしています。これを**「非言語コミュニケーション」**（P.86）といいます。**視線や姿勢、ジェスチャーや立ち位置、距離なども含まれます。**例えば、私たちは興味のある話には前傾姿勢を取るし、好きな人の話には笑顔で応えたり、身振り手振りも活発になったりします。こうしたことを知っておくと、相手の自分に対する好意・関心の度合いを推しはかりやすくなります。

自分が意識していない、あるいは見せようと思っていなくても、相手に向ける興味や関心が生理的反応として体から出てくることがあります。そのひとつが**「瞳孔の反応」**です。**人間は気持ちが高ぶったとき、自然に瞳孔が開く**のです。興奮したり、驚いたり、強い関心を持ったりするとき、体内で交感神経が強く働きます。そうすると心拍数が増えたり、血圧や脈拍数が上がったり、呼吸が速くなったりします。このときに連動して瞳孔も開くのです。

心臓や呼吸の変化は自分で気づきますが、瞳孔が開いているのは自分ではわかりません。目の前の相手からは瞳孔が開いていることがわかります。そうすると相手がこの瞳孔の反応の意味を知っている場合、「あ、この人、自分の話に興味があるんだ」、「私に興味があるんだ」とわかります。逆に話が退屈だったり、興味がなかったりする場合、瞳孔が小さくなります。**相手の瞳孔を見ていれば、どれぐらい相手が自分や自分の話に興味を持っているのかがある程度わかるというわけです。**

瞳孔の反応

明暗調節

瞳孔は明るい場所では目に入る光の量を少なくするために小さくなります。一方、暗い場所では多くの光を取り込むために大きく開きます。これを明暗調節といいます。

暗い場所
＝大きく開く

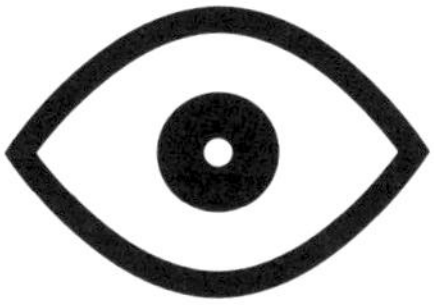

明るい場所
＝小さくなる

気持ちが高ぶったとき、自然に瞳孔が開く

興奮したり、強い関心を持つなど、気持ちが高ぶったときにも瞳孔は開きます。反対に退屈したり、興味がないときは小さくなります。

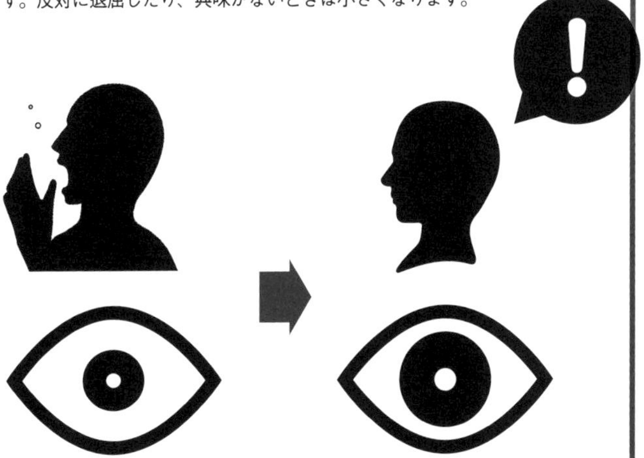

退屈・興味がない
＝小さくなる

気持ちが高ぶる
＝大きく開く

CHAPTER 3

86

KEY WORD

ジョハリの窓

アンコンシャスバイアス

周囲の人とのコミュニケーションを円滑にする方法は？

ジョハリの窓を診断ツールとして気づきを得ることができる

自分のことを見つめ直すツールとして**「ジョハリの窓」**が近年注目されています。名前は考案者であるアメリカの心理学者であるジョセフ・ルフトとハリ・インガムのファーストネームからきています。

ジョハリの窓は**「①自分が知っている自分」「②自分が知らない自分」「③人から見えている自分」「④人には見えていない自分」**の４つの項目の、２×２で掛け合わせた図を使って自己診断を進めていきます。会社の研修、セミナーでグループワークをするときなどに使われることが多く、自分と他人の認識のズレを理解し、自分の知らなかった強みや弱みを見つけることができます。４つの窓のうち、「開放の窓」（自分も他人も知っている自分）の領域を広げていくことで円滑なコミュニケーションや相互理解が深まると考えられています。開放の窓が広がっていくと、周囲との相互理解が深まり、コミュニケーションもスムーズとなります。また、「ジョハリの窓」を活用して自分自身を客観視できれば、他者や周囲の人を不快にさせたり傷付けたりすることもなくなり、対人トラブルの減少にも繋がるでしょう。

ただし、注意すべき点もあります。ジョハリの窓は自己を見つめ直すとともに、相手に対してどのように感じているのかを公開するものです。開示は相手の受け入れられる範囲で行い、使用する言葉にネガティブなもの、人間性を否定するものは入れないなど、慎重に伝えることが求められます。また、結果は参考のひとつとしてとらえ、自己理解の一助とすることが重要です。

ジョハリの窓

「①自分が知っている自分」と「③人から見えている自分」が交差するところを「開放の窓」、「②自分が知らない自分」と「③人から見えている自分」が交差するところを「盲点の窓」、「①自分が知っている自分」と「④人には見えていない自分」が交差するところを「秘密の窓」、「②自分が知らない自分」と「④人には見えていない自分」が交差するところを「未知の窓」と区分けし、複数の項目についてそれぞれどの窓に相当するかを見ていきます。

	❶自分が知っている自分	❷自分が知らない自分
❸人から見えている自分	開放の窓	盲点の窓
❹人には見えていない自分	秘密の窓	未知の窓

「盲点の窓」は自分で気づくことはできていないものの、他人が気づいている自分のことを指します。よくある例として「思わぬ特徴」や「思わぬ長所」が挙げられます。もちろん、悪い特徴が盲点の窓になっている場合もあるため、盲点の窓を可能な限り小さくするのが良いと考えられています。

COLUMN 3

社会心理学の知られざる本当の意味

社会心理学は、社会現象が起こるときの心理学というとらえ方をされるのが一般的です。しかし、一方で、「人間関係の心理学」という側面があります。その面からいうと、「社会心理学」ではなく「社交心理学」といった方が正しいかもしれません。

英語では、「社会」も「社交」も“Social”と表現されます。何人か集まったら、そこは「社交場」になります。社交というと「社交ダンス」を連想する人もいるかもしれません。まさに社交場で行われること全般を扱う学問が社会心理学ということなのです。

私たちが日常で経験するさまざまな人間関係は、社会心理学の重要な研究分野です。例えば、子どもが友達との喧嘩を上手く収める能力や、初対面の人と挨拶を交わし、円滑にコミュニケーションを取るスキルは、社会性の発達と密接に関連しています。これらは、幼少期から育まれ、成長する過程でさらに洗練されていきます。

こうした社交場で行われる日常的な交流は、私たちが普段使う「社会」という言葉の意味する範囲を超え、もっと広い概念を含んでいます。つまり、人々が集まるどんな場所でも、そこで起こる心理的な動きは全て社会心理学の研究領域に入るのです。

これらの事例を踏まえて、私たちは日々の交流のなかで、どのように社交性を高め、より良い人間関係を築いていけるかを意識することが重要です。社会心理学を理解することは、自分自身や周囲の人々とのより良い関係を築くためにも役に立つのです。

CHAPTER 4

そもそも
心理学ってなに？

CHAPTER 4

87

そもそも心理学とは？どんな種類があるの？

KEY WORD

心理学の歴史

実験心理学

心理学は人間について探求するサイエンス

多くの人が心理学は文系の学問であると思うかもしれません。しかし、心理学とは、**人間についての科学、サイエンス**です。読んで字の如く、心の理学ということです。

日本では文系の学部のなかに心理学部があることが多いので、心理学は文系だと思われています。帝国大学時代の哲学科から派生して心理学部ができたという経緯があるため、今も心理学部は文系の学部に多いのです。

でも実際にやっていることは、理系の学科だといえます。実験を行い、統計データを取り、集計・分析をして課題解決に取り組みます。あくまで心理学は人間についてのサイエンスであり、**人間というものにどういう法則性があるかを、あらゆる側面で見ていく学問**なのです。

心理学が誕生する以前は、心についての探求は哲学や宗教の分野で行われていました。

近代心理学は、1879年にドイツのライプチヒ大学で、生理学者のW・ヴントが心理学研究所を創設したことからはじまっています。

では、心理学は、人間をどのような側面から見るのでしょうか。その違いに応じてさまざまな分野に分かれています。その一部をこれから紹介していきます。

心理学の歴史

・古代ギリシャ

心理学が登場する以前は、心は哲学や宗教の分野で考えられていました。古代ギリシャでは、プラトンやアリストテレスなどの哲学者によって探求が行われていました。

・19世紀～

ドイツのライプチヒ大学でヴントが「心理学研究所」を創設。ヴントは意識を対象として、実験によって分析する実験心理学を提唱しました。

・20世紀～

- ・精神分析学（フロイト）
- ・行動主義心理学（ワトソン）
- ・ゲシュタルト心理学（ウェルトハイマーら）
- ・認知心理学　など

ヴントの実験心理学への批判から、精神分析学、行動主義心理学、ゲシュタルト心理学などが発展していきました。

CHAPTER 4

88

KEY WORD

心理学の研究の基本

統計

程度を測る

心理学はどんな研究の仕方をする学問なの？

心理学は統計によって心理の「程度」を測る学問

心理学は哲学から派生した学問です。哲学は議論で成り立っていますが、心理学は実験、観察、調査から人間というものに迫っていこう、と考えたのがきっかけで起こり、哲学から枝分かれしました。こうしたルーツを持つがゆえに、**心理学では仮説の真偽を確認するために実験、観察、調査を行った上で、明確なエビデンス（根拠）を揃えることが求められます。**端的に言えばしっかりデータを取る必要がある学問であるということです。例えば、「人は同調行動をつい取ってしまいがち」という命題に対して、「そんなのわかりきったことだよ」という見方をするのではなく、「全体のうち同調する人は何％くらいいるのか」という見方をするのです。

たとえば屋外型の野球場でお弁当を販売する業者は、「明日晴れるかな？どのくらいお弁当を用意しておけばいいかな？」と考えます。その結果、雨で中止になることもあるし、少し雨が降ったり寒かったりして客足が鈍い場合もあれば、天候に恵まれお客さんがたくさん入る場合もあります。野球が行われた場合、単に「売れる」「売れない」ではなく、天候によってその売れ行きの程度は変わりますから、そこまでしっかり予測しようというのが心理学研究者の基本姿勢となります。つまり、**心理学は心理の程度を測る学問**なのです。程度は0％から100％まであります。結果は白か黒かとはっきりしたものではなく、28％と72％というように、数値で程度をとらえる姿勢が求められます。程度から仮説の是非を検証するのが心理学の研究者だということです。

心理学の研究の基本

・実験、考察、調査

↓

・統計を分析

↓

・明確なエビデンスを揃える

心理学は程度を測る学問

➡ ✕ 雨なので発注なし

○ 雨なので７割にしよう

屋外型の野球場の販売業者は、雨が降ればお弁当の売上が落ちることはわかっていますが、どのくらい発注すればいいかを知りたいはず。そのようなはっきりしない問題に対して、心理学では数値でとらえる姿勢が求められます。

CHAPTER 4

89

KEY WORD

基礎心理学

応用心理学

基礎心理学と応用心理学とは？

基礎心理学をベースにあらゆる課題に取り組むのが応用心理学

「基礎心理学」は生理心理学、神経心理学、認知心理学を始め、人間と動物を比較する比較心理学、本能的な行動を客観的に研究する行動主義心理学など、さまざまな心理学を駆使して、通常、自分の力では知ることが難しい事象の解明に取り組んでいく学問です。

基礎心理学では、**主に観察・実験・調査などによって、人間の心理の法則性について検証していきます。**したがって、基礎心理学では自分の遺伝子、脳神経、体が自動的に執り行い、自分では感知・意識せずともごく自然に働くような心理事象について研究します。

一方の**「応用心理学」**ですが、こちらは多くの人が持っている心理学のイメージに近いかもしれません。**応用心理学では基礎心理学を土台にして人間社会で起こり得るありとあらゆる問題の解決・改善に取り組んでいきます。**消費心理学、政治心理学、交通心理学、犯罪心理学、観光心理学などが応用心理学の範囲になります。

この他にも多数存在し、課題があればあるだけ湧いて出てくるのが応用心理学なのです。生活のあらゆる場面で応用心理学は生まれ、発展していくと学問として成立し、さらに発展すると学会になります。みなさんが思う以上にさまざまな場面で心理学は成立しており、学問の成果や知見は日常生活で活用されています。

基礎心理学

自分の力では知ることが難しいことについてあらゆる心理学をベースにしながら解明に取り組む。

認知心理学

人間の持つ情報処理能力、推論能力、問題解決力など高い認知機能について研究する。

生理心理学

身体変化や身体生理レベルで心理状態の法則をとらえる。

神経心理学

神経レベル（脳神経）から心理状態を検討する。

応用心理学

心理学をベースに消費行動、政治、教育、犯罪などありとあらゆる場面での問題解決や改善に取り組む。

消費心理学

消費者行動を分析する。販売活動や購買活動の傾向などを調べる。

政治心理学

どういう条件で人は投票するのかなどについて検証する。

犯罪心理学

犯罪者の心理を研究し、防犯対策などに役立てる。

交通心理学

事故が起こる理由やどのような安全対策を行えば良いかなどについて検証する。

観光心理学

観光地の魅力を検証し、観光客の来訪をどのように促進するかなどを検討する。

CHAPTER 4

90

KEY WORD

認知心理学

発達心理学

認知心理学と発達心理学とは？

基礎心理学・応用心理学が混合する分野

認知心理学とは、ある生体反応に対し、なぜそのような生体反応が起こるのかを研究する学問です。例えば「冗談を言うとなぜ人は笑うのか？　どうして面白いと思うのか？」。これも認知心理学のテーマとなります。**「認知心理学」は基礎心理学の一形態**ですから、研究者は笑いを生体反応としてとらえ、笑いが起こる脳のメカニズムを追求し、笑いの起こる法則性を見出していきます。

基礎心理学と応用心理学が織り交ざるのが「発達心理学」です。人間は、一生の中で赤ちゃん、子ども、成人、老人と進んでいきます。ホモサピエンスとしてどのような成長過程を経るのかという研究で、基礎心理学の分野となります。例えば「子どもがなぜ親や保育者を正確に見分けられるのか」という研究ならば発達心理学でも認知心理学領域の分野となります。

一方で、人はその成長過程において幼稚園や保育園、学校、職場と生活場面を変えていきます。それぞれ、どのような保育・教育、過ごし方が合理的で望ましいものであるのかを検証することは応用心理学の分野になります。また、**子どもの発達を学校教育の場に特化すると、「教育心理学」**の領域になります。例えば、「子どもが物事の善悪や正否などを判断できるようになるのはなぜか？」といったことも研究テーマとなります。こうしたことを解明し、一定の法則を見出すことができれば、幼児教育や学校教育の現場にフィードバックされます。

認知心理学

人間の思考や意思決定、記憶などを研究する分野です。

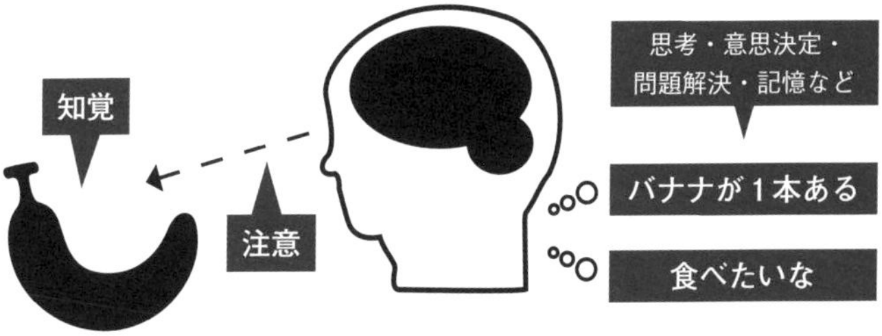

発達心理学

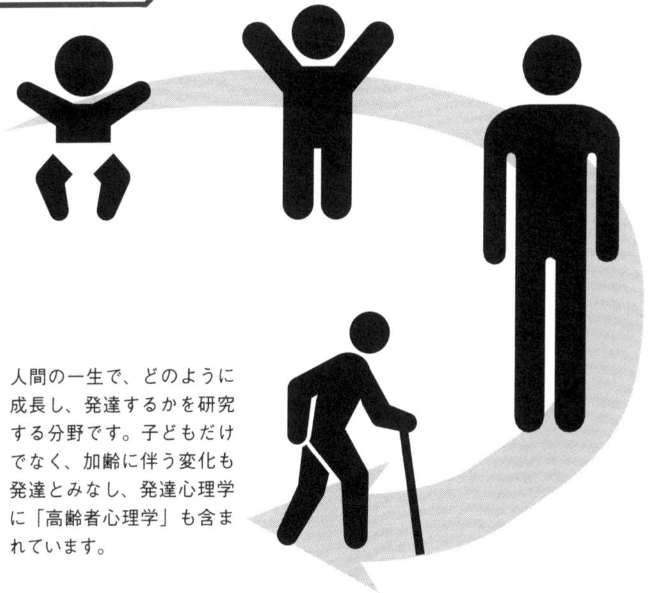

人間の一生で、どのように成長し、発達するかを研究する分野です。子どもだけでなく、加齢に伴う変化も発達とみなし、発達心理学に「高齢者心理学」も含まれています。

CHAPTER 4

91

KEY WORD

マズローの
欲求階層説

人の欲求には5つの種類がある？

マズローは生理的欲求をベースに自己実現まで５階層の欲求があるとした

心理学では、人を動かす動機（欲求）に、５つの階層があると考えられています。心理学者のマズローが提唱した**「欲求階層説」**を紹介します。

一番下の欲求は生理的欲求といい、**食欲や睡眠欲など、生きていくうえで基本となる欲求**です。食欲などが満たされると、次に身の安全を守りたいという欲求が強くなります。**安全な住居を求めたり、衣服などが欲しくなります。**

「衣食足りて礼節を知る」といいますが、生命の安定が脅かされないくらい安定したところで出てくるのが社会的欲求という**集団に所属したり、他人から好かれたい、結婚して家庭を作りたいといった欲求**です。

次に、**他人から承認され、認められたいという欲求が出てきます。最後に自分自身を成長させ、自分を高めるための創造的な活動をしたいという自己実現欲求が出てきます。**

マズローは欲求階層説において一番上の階層に自己実現の欲求を置き、未来図を描いて、それを現実のものとしていくことが人間の理想的な生き方だとしました。

ちなみに日本の場合、人から承認されていない独善的な自己実現は成功と見なされない傾向があります。そのため、自己実現の欲求が上位にあるのは西洋的な発想といえます。

マズローの欲求階層説

食欲や睡眠欲など生物として、生きるために必要な欲求が一番下にあり、自分を高める自己実現の欲求が一番上にあるという理論です。それぞれの階層の欲求を満たすと、次の欲求が出てくると考えられています。

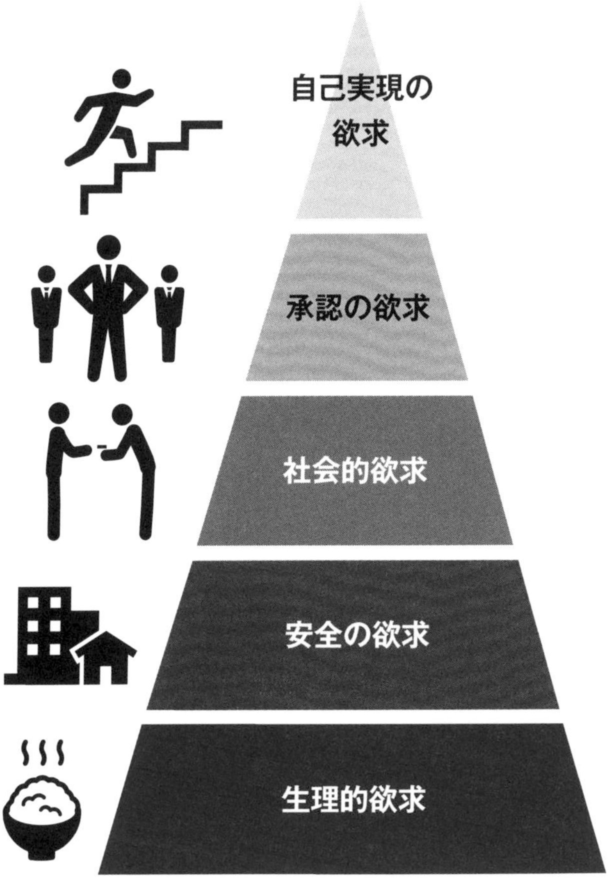

CHAPTER 4

92

KEY WORD

オペラント条件づけ

古典的条件づけ

報酬や罰によって行動は変わる？

条件づけられることで行動が変わる

人は褒められたり、楽しいと思ったりすると、モチベーションが高くなり、自発的に勉強や仕事をするようになります。このように、自発的な行動をするように条件づけすることを、**「オペラント条件づけ」**といいます。

有名な研究として、1938 年にアメリカの心理学者スキナーがマウスを用いた実験があります。

レバーを押すとえさが出てくるように設計した**「スキナー箱」**という実験装置を用いて、マウスがえさを得るために、自発的に行動するかを観察しました。

箱のなかに入れられたマウスは、レバーに触れるとえさが出るということを学習すると、自発的にレバーに触れて、えさを得るようになったのです。

同じような研究に、ロシアの生理学者であるパブロフが行った研究があります。

「パブロフの犬」という言葉を聞いたことがある人は多いのではないでしょうが、犬にえさを与える際にメトロノームを鳴らしてから、えさを与えるようにしていると、そのうちメトロノームを鳴らしただけで、犬がよだれを垂らすようになったというものです。

パブロフの犬の実験は生理的な条件反射に条件づけしたもので、オペラント条件づけが能動的であるのに対して、受動的な点が違います。その後の研究の典型となったため、「古典的条件づけ」と呼ばれています。

オペラント条件づけ

スキナー箱の実験

オペラント条件づけの研究として有名な、「スキナー箱の実験」を紹介します。レバーを押すとえさが出る仕掛けのある箱にマウスを入れて、行動の学習プロセスを観察した実験です。

❶ スキナー箱にマウスを入れます。レバーに触れると、えさが出る仕組みです。

❷ 空腹になったマウスが、偶然レバーに触れるとえさが出ます。何度か繰り返すうち、レバーに触れるとえさが出るということを学習します。

❸ えさが欲しくなったとき、マウスが自発的にレバーに触れるようになります。

CHAPTER 4

93

KEY WORD
アンダーマイニング現象

報酬は時として やる気を損なう？

やらされている感が出ると やる気がなくなってしまう

オペラント条件づけでは、報酬によって自発的な行動を学習することがわかっていますが、報酬を与えることでかえってやる気を損なってしまう場合もあります。これは**「アンダーマイニング現象」**と呼ばれ、内発的に動機づけられている行動に対して、外発的な報酬を与えてしまうと、内発的な動機づけが失われてしまう現象です。米国の心理学者であるエドワード・L・デシとマーク・R・レッパーによって、1971年に提唱されました。

やる気をなくしてしまう理由は、行動の目的がやりがいではなく、報酬に変わってしまうため、また、自分から自発的にしていることではなく、**「やらされている」**という感覚を覚えてしまうためだといわれています。

1971年に行われた実験を紹介します。大学生を２つの班に分けて、パズルを解いてもらいます。Aのグループにはパズルが解けたら１ドルの報酬を出すと伝え、実際にその通りにしました。Bのグループには何も伝えずに解いてもらいました。パズルが２つ解けたら８分間部屋を離れ、その間、雑誌もパズルも触っていいという条件を設定。もし、その間もパズルに取り組んだらその時間を自発的に楽しんでいると考えられるとしました。結果、Bグループはパズルに取り組む時間は変化がありませんでしたが、Aグループの方はパズルに取り組む時間が減少しました。このことから**「金銭的な報酬が発生することでパズルに対する内発的な動機づけが減衰したのではないか」**と結論づけられました。

アンダーマイニング現象

被験者を、報酬を与えると伝えたAグループと、何も伝えないBグループに分けてパズルをしてもらい、報酬が内発的な動機づけに影響を与えるかを調べる実験が行われました。パズルを２つ解いたら８分間の自由時間になり、実験者のいない部屋に通されます。部屋のなかにはパズル以外に雑誌などがあり、A、B、両グループのパズルをする時間に変化が観察されました。

Aグループ

実験者が「パズルを解くたびに報酬として1ドル差し上げます」と被験者に伝えて、パズルを解いてもらいます。

Bグループ

報酬の有る無しを伝えずにパズルを解いてもらいます。

実験後、別の部屋で

報酬が目的になったと考えられるAグループは、自発的にパズルをする時間が減少しました。

内発的な動機づけが維持されていたBグループは、報酬に関係なくパズルをする時間に変化はありませんでした。

CHAPTER 4

94

KEY WORD

認知的アプローチ

脳神経の情報処理

MRI 画像

認知的なアプローチとは？

脳内の MRI 画像を取り情報処理を調べている

　認知的アプローチは、行動主義に基づいた心理学の後に出てきたものです。行動主義は人が心のなかで何を考えているかということに一切かかわらず、行動の結果だけを追究するスタイルの学問ですが、これを否定したところに認知的アプローチの立脚点があります。今では認知的アプローチの発展により、**人は無意識で情報処理を行っている生き物であるということがわかってきました。**「考える」という言葉がありますが、これも**「脳神経が情報処理をしている」**とした方がより適切であると言ってよいでしょう。

　というのも「考える」という行為は狭義では言語で思考することを意味しますが、もう少し「考える」という行為を大きくとらえてみると、私たちはぼんやりとしているように見えて、実は脳神経が勝手に働き、経験して蓄積した事象にもとづき計算を行い、計算を活用して自動的にアウトプットを行っているからです。つまり「考える」という言葉では私たちの情報処理をしている状況は言い表せないということです。実際に認知的アプローチでは無意識にどのような情報処理をしているのかを調べるには、人から話を聞くのではなく、**脳内の MRI 画像を取り、脳神経のどの部位が強く働いているかを分析します。**今、世界中の認知心理学者は**脳の働き方マップ**のようなものをこぞって作成しています。脳を科学的に解析していると聞くと、心理学のイメージとは乖離しているかもしれませんが、現在の心理学の研究には、そのような側面もあるのです。

認知的アプローチ

行動主義 ＝感情や意識は考慮せず、刺激に対する行動の結果だけに注目した学問

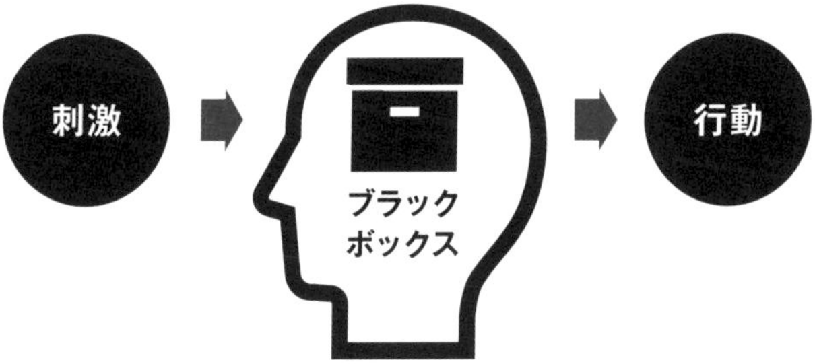

行動主義を否定

認知的アプローチ ＝脳神経が情報処理している

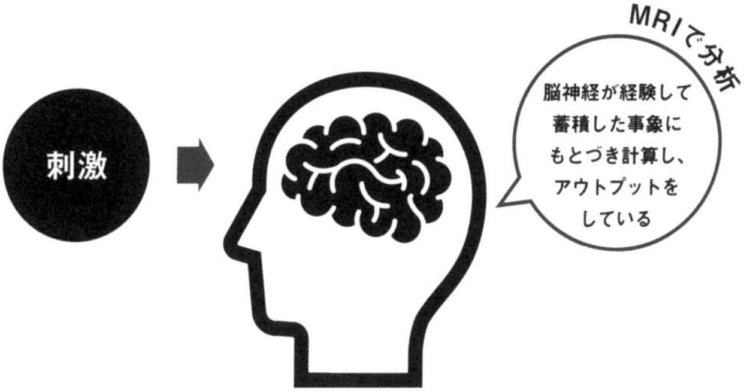

CHAPTER 4

95

認知行動療法とは？

KEY WORD

認知行動療法

考え方の不適切さ

客観視

自分を客観視し追い込まない方法を指導、支援していく療法

認知行動療法は、悪い方へ悪い方へと考える習性が身についてしまっている人に対して、**考え方の変容をうながしていく手法を採る療法**です。

うつ病の人に見られがちなのですが、試験に失敗すると、「仕方ない。またがんばろう」とは思えず、「自分の人生はもうダメだ」と考えてしまいます。一度の失敗で自分を全否定してしまう、この**「考え方の不適切さ」**が精神をむしばんでいくわけです。

「考え方の不適切さ」を抱えた人に対して、認知行動療法は「人は人生の場面場面で失敗したり成功したりするものであり、一度の失敗にそれほど囚われる必要はない」「自分をそんなに厳しく追い詰めないで、もう少し自分を客観的に優しく見るようにしよう」といったことを自分自身で思えるように導きます。

うつ病の人は特に、「自分はダメな人間だ」と思い込みがちなので、まずは自分の心のなかで自分をいじめるくせがあることを認識してもらいます。そうすると、「あれ、しまった。またいつのまにか自分で自分をいじめる考え方をしてしまっているぞ。これはいけない」というように悪い方に考えを向けている自分に気づくことができます。**この心の動きが、すなわち客観視**です。これができるようになったら、次にどうしたら自分で自分を追い込まない気の持ち方ができるかについてその方法を指導し、支援していく、認知行動療法ではこのようなアプローチで治療を進めていきます。

認知行動療法

ストレスを感じた出来事

その出来事に対する「４つの側面」に注目

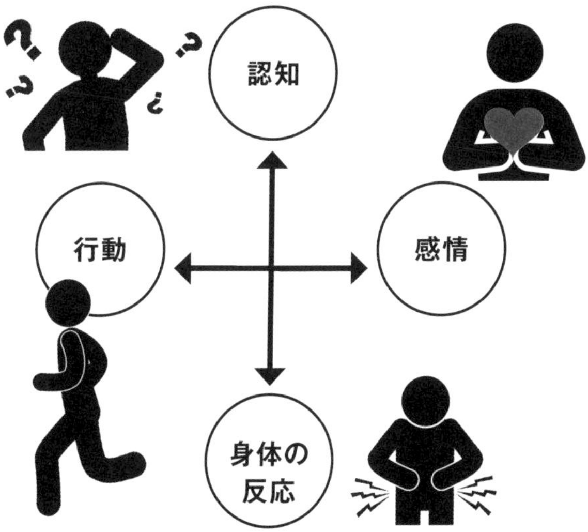

症状や問題が起きたときに、ストレスを感じた出来事に対する認知、行動、感情、身体の反応の４つ領域に分けて観察していきます。そして、例えば身体の反応に症状が見られ、それに対して認知や行動で変えられる部分を見つけたら、そこに働きかけていきます。

症状が改善する

各領域は相互に作用し合っているので、認知や行動に働きかけることで、間接的に身体の反応に表れていた症状も改善していきます。

CHAPTER 4

96

KEY WORD

ポジティブ心理学

ウェルビーイング

ポジティブ心理学とは？

心の健康を促進するための心理学として研究されている

近年、心理学の世界では**「ポジティブ心理学」**という言葉がよく聞かれるようになりました。これは、ネガティブな問題（自殺、いじめ、ひきこもり、PTSD、うつ、抑うつなど）を専ら扱ってきた臨床心理学に対するアンチテーゼとして提唱されている概念です。ポジティブという言葉は前向きで明るいイメージを持つので、今後、**多くの人に受け入れられ、心理学の裾野が広がっていくことが期待される研究分野**です。

本来、臨床心理学の適用・対象となるのは、精神に深刻な悩みを抱えた人たちです。では、そうでない人々にとって心理学は縁のないものなのでしょうか？　けっしてそんなことはありません。うつ病やPTSDに悩まされていなくとも、日常生活や仕事のなかでストレスを受けて気持ちがふさいでしまうことは多かれ少なかれ誰しもあることです。心理学はそのような人々に対しても気づきや学びを与えて、課題の解決、状況の改善に資する力があります。

そこで、近年は**「病気治療のための心理学」でなく、「心の健康を促進するための心理学」**の研究が進められています。**「ウェルビーイング（主観的幸福感）」**をどう高めていくかがテーマとなっており、研究者たちは人々が健康感や満足感、生きがいなどを見出し、日々を活き活き過ごせるような心理的アプローチの開発を推し進めています。また、日々健康で活き活きと生活している人を見本として、その人の考え方や生活様式などを追跡調査し、「健康になるコツ」を見つけていくのも、取り組みのひとつとなっています。

ポジティブ心理学

従来の心理学

自殺やいじめ、ひきこもり、うつなど従来の心理学はネガティブな問題を対象としてきました。

ポジティブ心理学

それに対し、ポジティブ心理学では、心の健康を促進するための心理学として研究が進められています。下記のようなウェルビーイングをどう高めるかがテーマとなっています。

Well-being
ウェルビーイングを高める

自分の強み

レジリエンス

ポジティブ感情

PTG（心的外傷後成長）

フロー

楽観主義

自己効力感

CHAPTER 4

97

KEY WORD

マインドフルネス

マインドフルネスとは？

より主体的な自らの変容をうながすアプローチ

「マインドフルネス」を訳すると**「心をいっぱいにすること」**という意味になります。これはつまり、**「自分を客観視して、今ここで何が起こり、自分は何を感じているか、今自分が経験していることに注意を集中させて心をいっぱいにしよう」**という心のあり方を示しています。

例えば、仕事で上司に叱られたとき、感情的になりやすい第一の自分がいます。そんな時、第二の自分として、冷静にその状況を観察します。自分が怒っている理由や、上司の立場も理解しようとするのです。こうすることで、感情に流されることなく、より適切な行動を選べるようになります。

マインドフルネスの実践には、瞑想が重要な役割を果たします。瞑想を通じて、私たちは現在の自分自身に集中し、自分の感情や考えを明確にすることができます。瞑想は、マインドフルネスを深め、精神的な平穏をもたらす手段となるでしょう。

しかし、マインドフルネスを実践する際にはただ腹が立ったり、落胆したりと、**自分自身の感情や考えに過度に没頭しないことが大切**です。あくまでも客観的な自己観察を通じて、自分を理解することが重要です。マインドフルネスを実践することでより広い視野で正確に状況を把握しやすくなり、その場の雰囲気に呑まれたりするのではなく、自分が取るべき適切な行動が見えてくるようになります。

マインドフルネス

今ここにいる自分と周りで起きていることに精一杯の注意を傾け、状況を客観的に把握することに努めます。第二の自分をイメージして、他人事のように客観的に見ることで自分がなにを感じているか、どんな行動を取ればいいのかが見えてきます。

取るべき適切な行動が見えてくる

CHAPTER 4

98

KEY WORD

セルフコンパッション

自己肯定感

セルフコンパッションとは？

自分自身を見直して自己肯定感を高める心のあり方

「セルフコンパッション」とは**自分自身を慈しみ愛する力**のことです。まず自分の長所を見つけ出して、その長所を自分自身で認め、受け入れることで自己肯定感を高めていきます。特に自己肯定感の低い人は、セルフコンパッションを高める心理療法が非常に適しています。

そもそも自己肯定感の低い人は自分が嫌いで、自分に不満を持っています。また他者に対しても否定的であり、周りの人には悪口や愚痴をついつい言ってしまいます。そうすると人間関係もどんどん悪くなり、親しい人や慕ってくる人がいなくなります。このような人は「自分はほめられた経験が少ない」、「周囲からそれほど必要とされてこなかった」などと思い、自己肯定感が低いので、自分の長所を認識していません。

そういう**自分自身を一度見直して、自分の良い点を見出して、しっかり評価する。**つまり自分で自分をほめて励ますわけです。そして「こんな自分でいいじゃないか」というふうに自分を認めるのです。こうして**自分を受け入れることでいつしか他人のことも受け入れる**心のゆとりが出てきます。

そのような心の持ち方が身につくことで、「あれ、最近ちょっと変わったね、明るくなったね」「一緒にいると楽しい」など対人関係でも変化が出てきやすくなります。周囲からの印象が好転すると、自己肯定感やセルフコンパッションがさらに高まってきます。人間関係を悪循環から好循環へと切り替えるために、セルフコンパッションはとても大切な心のあり方となるのです。

セルフコンパッション

ありのままの自分を受け入れる

自己肯定感の低い人は、自分の長所を見つけ、自分自身で認めることで、自己肯定感を高めることができます。ありのままの自分を受け入れることで、いつしか他人のことを受け入れる心のゆとりが出てきます。

3つの構成要素

セルフコンパッションには3つの構成要素があります。「自分への優しさ」とは、自分を思いやり、優しい態度で接し、ありのままの自分を受け入れること。「共通の人間性の認識」とは、自分だけが辛いのではなく、誰にでも苦しみや悲しみはあるもの、ととらえること。「マインドフルネス」は、苦しみや困難なことをそのまま観察し、受け入れることです。

CHAPTER 4

99

KEY WORD

HSP

HSC

外部の刺激を受けやすいHSPとは？

光、匂い、音などの刺激に影響を受けやすく環境感受性が高い人を指す

光や匂い、音など外部の刺激を受けやすいという人はいませんか。そのような人たちは**「HSP(Highly Sensitive Person の略)」**の可能性があります。

このHSPは直訳すると「非常に感受性が高い人」という意味になり、アメリカの臨床心理学者エレイン・N・アーロンが提唱した概念です。

「環境感受性」という概念をもとにHSPの研究が行われています。環境感受性とは、周囲の環境における情報を処理する際の個人差を表します。環境にはポジティブ、ネガティブの両方の環境があり、その環境に影響を受けやすい環境感受性が高い人をHSPといいます。子どものHSPの場合は、**「HSC(Highly Sensitive Child の略)」**といいます。

環境感受性を測る尺度として、『Highly Sensitive Person Scale 日本版（HSPS-J19）』などがあります。これは『Highly Sensitive Person Scale（Aron & Aron, 1997）』の日本語版です。19項目で成人（大学生年代以降）の「感覚処理感受性」を測定するものです。

また、『日本語版青年前期用敏感性尺度（HSCS-A）』という尺度もあります。これは『Highly Sensitive Child Scale（Pluess et al., 2018）』の日本語版で、11項目で青年前期（中学生～高校生）の「感覚処理感受性」を測定します。

HSP

HSP は環境感受性の特性が高い人を表します。環境感受性自体は下図のように、平均値周辺の人が最も多く、約 30% 程度の人が感受性が高いグループにあたるとされています。

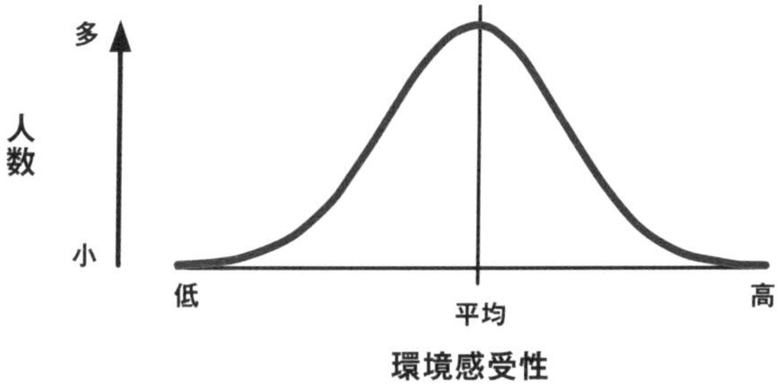

『Japan Sensitivity Research(環境感受性とは？)』を元に作成。

『Highly Sensitive Person Scale 日本版（HSPS-J19）』の質問項目の一例

1. 大きな音や雑然とした光景のような強い刺激がわずらわしいですか？
2. 大きな音で不快になりますか？
3. 一度にたくさんの事が起こっていると不快になりますか？
4. いろいろなことが自分の周りで起きていると、不快な気分が高まりますか？
5. 明るい光や強いにおい、ごわごわした布地、近くのサイレンの音などにぞっとしやすいですか？

19 項目を 7 段階評定（全く当てはまらない:1 点 〜 非常によく当てはまる:7 点）で答えます。
引用：『Highly Sensitive Person Scale 日本版（HSPS-J19）の作成』髙橋 亜希

FOR A FINALE

おわりに

社会心理学の視点を通じて、人間関係や集団の動きがどう社会を形作るか、その理解を深めることができたでしょうか。

現代の社会では、私たちはさまざまな組織のなかで生きています。仕事の場でも、地域社会でも、家庭内ですらどのように振る舞うかが問われ、時には厳しい目で見られることもあります。この本がそうした「見えないルール」を学ぶ手がかりになればと願っています。

例えば、人間関係のトラブルも、社会心理学の視点からはただの問題としてとらえるのではなく、自分自身や相手のことを理解し、適切なコミュニケーションの方法を身につけることができれば、より良い方向を目指すことができるでしょう。

また、企業のコンプライアンスや不祥事などの問題に対しても、法律だけでなく心理学の知見がどう活かせるかを考えてきました。法律があっても、人の心が動かなければ意味がありません。心の動きを理解することで、より豊かな社会を作り上げることができるのです。

私たちの日々の生活に根ざした多くの事例を通じて、社会心理学の実用性とその可能性を感じていただけたなら幸いです。この学問の広がりはまだまだ大きく、私たちの理解を深めるための探求は続いていきます。読者の皆さまと一緒に、これからも学び、成長していくことを楽しみにしています。

INDEX

索引

あ行

アイデンティティ…56、142
(自我同一性)
アイデンティティの拡散…144
悪魔の代弁者…140
アッシュの実験…14
アンダーマイニング現象…204
一貫性の原理…110
一面的コミュニケーション…112
一般交換…70
ウェルビーイング…210
(主観的幸福感)
栄光浴…58
HSC…216
HSP…216
エコーチェンバー現象…34
援助行動モデル…46
(5つのステップ)
応用心理学…196
大台割れ効果…102
オペラント条件づけ…202

か行

外集団…28、150
外発的動機づけ…131、132
加害者の悪魔化…68
確証バイアス…26、52
獲得的セルフ・
ハンディキャッピング…174
カテゴリー化…102
カリギュラ効果…160
観察学習…176
間接互恵性…70
希少性の法則…100
基礎心理学…196
規範的影響…54
客体的自己意識…154
黒い羊効果…28
群集心理…22
権威主義的パーソナリティ…32、34
限定交換…70
攻撃手がかり…66
公正世界仮説…30
コーシャスシフト…92
古典的条件づけ…202
コミットメント…110

さ行

錯誤帰属…88
ジェンダーバイアス…84
実験心理学…192
自己開示…152
自己概念…148
自己確信…56
自己肯定感…214
自己効力感…134
自己制御…172
自己責任…30
自己注目…180
自己呈示…152
自己認識欲求…154
自己評価維持モデル…168
社会的アイデンティティ…150
社会的交換理論…124
社会的ジレンマ…164
社会的性差（ジェンダー）…146
社会的勢力…96
社会的妥当化…24
社会的手抜き…118
社会的排斥…28
社会的比較理論…166
社会比較説…16
習慣行動…42
囚人のジレンマ…164
集団凝集性…60
集団規範…116
集団極性化…90、92
集団的葛藤…120
集団的浅慮…26、92、140
主張的セルフ・ハンディキャッピング…174
少数者の影響過程…138
承認欲求…18
情報的影響…54
条件づけ…82
初期信頼…50
ジョハリの窓…188
心理的安全性…126、128
心理的拘泥現象…94
心理的報酬…20
心理的リアクタンス…158
スキナー箱の実験…203
スタンフォード監獄実験…62
ステレオタイプ…74、84

索引

ストーナーの実験…91
スポットライト効果…180
正常性バイアス…40
生物学的性別…146
(セックス)
責任の拡散…44
セルフコンパッション…214
全方位評価…118
促進焦点…134
ソシオメトリー…122

た行

代表性
ヒューリスティック…104
代理人状態…98
多元的無知…38
単純接触効果…78
(ザイアンスの法則)
直接互恵性…70
直感…184
沈黙の螺旋…16
つり橋効果…88
敵意帰属バイアス…64
ドア・イン・ザ・フェイス…108
動機の鼓舞…130
瞳孔の反応…186
同調圧力…14、22、32、138
透明性の錯覚…178
匿名性…22、26
泥棒洞窟実験…120

な行

内集団…28、138、150
内発的動機づけ…131、132
認知…37
認知行動療法…208
認知心理学…198
認知的アプローチ…206
認知的不協和…182
ネットワーク分析…122

は行

バーコヴィッツの実験…67
パーソナルスペース…170
発達心理学…198
バーナム効果…50
パブロフの犬…82、202
バランス理論…162

ハロー効果…76

PM 理論…126

非言語
コミュニケーション…86、186

傍観者効果…44

フット・イン・ザ・ドア…106
(段階的要請法)

フリーライダー…118

プロセス・ゲイン…72

プロセス・ロス…72

文化的自己観…156

変革型リーダーシップ…130

返報性…108

防止焦点…134

ホーソン実験…128

ポジティブ心理学…210

ボボ人形の実験…177

ま行

マインドフルネス…212

マウンティング…56

マズローの欲求階層説…200

マッチング原理…80

ミルグラム実験…98
(アイヒマン実験)

無意識…114、184

メタ認知…36

ブルー / グリーン・
パラダイム実験…139

モデリング…176

や行

予言の自己成就…52

ら行

楽観バイアス…68

リスキーシフト…92

リーダーシップ…126

リバウンド効果…172

理由アタッチメント…136

利用可能性
ヒューリスティック…48

両面的コミュニケーション…112

ローボール…110

監修　北村英哉(きたむらひでや)

東洋大学社会学部社会心理学科教授。東京大学大学院社会学研究科博士課程中退。博士(社会心理学)。関西大学社会学部教授を経て現職。専門は社会心理学、感情心理学。人間の大切さを中心に置く心理学の視点から、どのようにして互いに他者を尊重して、社会を営んでいけるかを研究している。主な著書は『なぜ心理学をするのか』(北大路書房)、『偏見や差別はなぜ起こる？』(共編、ちとせプレス)、『認知と感情』(ナカニシヤ出版)、『心理学から見た社会』(共編、誠信書房)、『まんがでわかる社会心理学』(カンゼン)など。

図解《ずかい》　人《ひと》の心《こころ》と行動《こうどう》がわかる社会心理学《しゃかいしんりがく》

2024年2月25日　　第1刷発行

監修　北村英哉《きたむらひでや》
発行者　佐藤靖
発行所　大和《だいわ》書房
東京都文京区関口1-33-4
電話03-3203-4511

編集協力　ヱディットリアル株式會社
執筆協力　長沼良和、高原弘一郎
装幀・本文デザイン　風間佳子
本文DTP　千葉幸治、浅野 悠(two half labo)

本文印刷・製本　中央精版印刷
カバー印刷　歩プロセス

ISBN 978-4-479-79802-6

http://www.daiwashobo.co.jp